Helmut Dittrich

Vom Umgang mit der Trauer

Kraft schöpfen und den Schmerz überwinden

ETB
ECON Taschenbuch Verlag

CIP-Titelaufnahme der Deutschen Bibliothek

Dittrich, Helmut:
Vom Umgang mit der Trauer: Kraft schöpfen u. d. Schmerz überwinden/
Helmut Dittrich.
Orig.-Ausg. – Düsseldorf: ECON Taschenbuch Verl., 1988
(ETB 20393; ECON Ratgeber: Lebenshilfe)
ISBN 3-612-20393-2

Originalausgabe

© ECON Taschenbuch Verlag GmbH, Düsseldorf
April 1988
Umschlagentwurf: Ludwig Kaiser
Titelfoto: studio renson
Die Ratschläge in diesem Buch sind von Autor und Verlag sorgfältig erwogen
und geprüft; dennoch kann eine Garantie nicht übernommen werden. Eine
Haftung des Autors bzw. des Verlags und seiner Beauftragten für Personen-,
Sach- und Vermögensschäden ist ausgeschlossen.
Satz: Formsatz GmbH, Diepholz
Druck und Bindearbeiten: Ebner Ulm
Printed in Germany
ISBN 3-612-20393-2

Inhaltsverzeichnis

Vorwort 9

Warum man trauert 11
Trauer ist nicht nur auf Todesfälle beschränkt . . 11
Trauergefühle um Verlorenes und Vergangenes . 12
Todeserfahrung und Verunsicherung 15
Unfähigkeit zur Trauer und ihre Folgen 16
Vorweggenommene Trauer 17
Unwiderruflich veränderte Verhältnisse 18
Trauergebräuche 18
Schmerz und Verzweiflung muß man ausleben . . 20
Mut zur Trauer, aber auch zum Neubeginn 21

Verlustreaktionen 23
Erfahrungen beim Tod geliebter Menschen . . . 25
Fünf Stufen des Trauervorgangs 26
Schock: Entsetzen, Ratlosigkeit, Erstarrung 33
Handlungszwang: Anforderungen
  der Gesellschaft 35

Emotionales Begreifen: Vom Groll zum Erfassen . . 38
Trennung: Verstehen und sich abfinden lernen . . 42
Neubeginn: Das Leben wieder fest in die eigenen
   Hände nehmen 44

Krankhafte Trauer und ihre Überwindung 49
Bitterkeit, Verzweiflung und Depressionen sind
   normal 49
Der fehlende Partner – die Änderung des
   Lebenskreises 54
Im Irrgarten der Gefühle eine Neuorientierung
   finden 54
Die Auseinandersetzung annehmen 57
Schuldgefühle abbauen 58
Auch allein Krisen überwinden 61
Austrauern und Neuanfang 63
Training zum Überleben nach Verlusten 66

Die Trauer von Kindern 69
Wie Kinder den Tod empfinden 70
Begegnung mit dem Tod 72
Wissen und Ängste erwachen 73
Schwierigkeiten des Begreifens 75
Kinder erleben Trauerphasen intensiver 77
Unsicherheiten und Verluste ertragen lernen . . . 78
Kinder und der Tod naher Verwandter 80
Verstehen lernen 82

**Wie man Trauernden helfen und Trost bringen
kann** 88
Kreis der Helfer 89
Rolle des Helfers 90
Gott kann trösten 91

Hilfen bei der Trauerarbeit 93
Zuhören, verstehen und mitleiden 94
Ausnahmesituationen von Trauernden 96
Die Existenz sichern helfen 97
Trösten aus Erfahrung 99
Wie kann man Trauernden helfen? 99

Anhang 104
Checklisten: Hilfen für Trauernde 104
Literaturverzeichnis 121

Vorwort

Trauer gehört zu den elementarsten Gefühlen des Menschen. Sie erfaßt ihn in seinem Innersten und läßt ihn lange nicht los. Verlustreaktionen müssen aber – früher oder später – überwunden werden, denn das Leben geht weiter.
Gibt es eine echte Hilfe, Trauer *schnell* zu überwinden? Sicher nicht – im Gegenteil: Ein Ausleben der Trauer führt zu mehr Reife, Verständnis und Menschlichkeit. Wer aber zu verstehen sucht, was Trauer ist, nach welchen Gesetzmäßigkeiten sie abläuft und wie man sie beeinflussen kann, dessen Trauer wird anders verlaufen.
Verluste, Trauer und Schmerzen gehören zum Leben – warum wissen wir so wenig von ihnen? Dieses Buch ist ein Versuch, etwas mehr vom Umgang mit der Trauer zu vermitteln. Auf erste Überlegungen über das »Warum« der Trauer folgt eine Gliederung der Stufen eines Trauervorgangs, die denen des Sterbens

gegenübergestellt werden. Die Gemeinsamkeiten zeigen vieles, was die Trauerarbeit erleichtert. Ähnliche Wirkungen haben Trauerrituale, die Schmerz und Leid in hilfreiche Bahnen lenken.

Trauer ist keine Krankheit; Bitterkeit, Verzweiflung und Depressionen beim Verlust eines geliebten Menschen sind normal. Trauer kann aber zu tief gehen und damit krankhaft werden. Das gilt nicht nur für Erwachsene, sondern auch für die Trauer von Kindern, die intensiver erleben und oft Schwierigkeiten mit dem Begreifen des Geschehens haben.

Seelische Not jeglicher Art kann letztlich am wirksamsten durch die richtige Art des Denkens überwunden werden. Gedanken über Tod und Leben können tröstlich und hilfreich sein; die Trauer wird dann heilende Kraft haben. Der Trauernde reift, er wird verständnisvoller und menschlicher; er gewinnt Abstand zu Vergangenem und die Kraft zu einem Neuanfang.

Nach dem Schock des Verlustes kommt der Handlungszwang; die Bestattung ist zu besorgen, der Alltag als Hinterbliebener zu organisieren. Vieles ist zu bestellen; die Kontrollisten am Ende dieses Buches sollen dabei eine Stütze sein.

All denen sei gedankt, die in langen Gesprächen und Diskussionen dazu beigetragen haben, daß dieses Buch entstanden ist. Es will Menschen in einer schwierigen Situation beistehen, und es wäre etwas sehr Schönes, wenn ihm das gelänge.

Helmut Dittrich
Hildesheim, im Winter 1987/88

Warum man trauert

Trauer gehört wie Freude zu den großen ursprünglichen Gefühlen des Menschen. Warum wird dann aber Trauer so oft verdrängt, hintenangestellt, nicht ausgelebt? Die Zeiten sollten vorbei sein, in denen man sich seiner Gefühle schämte!

Trauer ist nicht nur auf Todesfälle beschränkt

Wir erleben das Gefühl der Trauer nicht nur nach dem Tod von uns nahestehenden Menschen, sondern überall im Leben. Ein verlorenes oder zerbrochenes Spielzeug kann ein Kind für eine oft erstaunlich lange Zeit traurig werden lassen. Der Liebeskummer nach einer zerbrochenen Beziehung oder die Enttäuschung einer Scheidung führen zu ähnlichen Erscheinungen. Der Verlust einer gewohnten Umgebung kann nagendes, verzehrendes Heimweh hervorrufen, das oft den Rest des Lebens nicht mehr vergeht. Trauer kann auch entstehen, wenn man einen Arbeitsplatz wechseln muß und sich auf die Veränderung nicht ausreichend einstellen kann.

Sicher bringen harte Zeiten Gefühlskälte, eine vorübergehende Unfähigkeit zu trauern. Wenn die Verluste nicht mehr abreißen, dann muß ein Panzer um die Gefühle helfen, zu überleben. Ein ganzes Volk kann trauern um Verlorenes; es kann aber durch die Not auch unfähig zur Trauer werden.

Wenn die Zeiten sicherer werden, entwickelt der Mensch wieder seine gesamte von der Natur gegebene Gefühlswelt. Er trauert, wenn er einen schweren Verlust zu beklagen hat.

Trauergefühle um Verlorenes und Vergangenes

Trauergefühle gleichen sehr oft denen der Angst, die eine Reaktion auf mögliche, bevorstehende Veränderungen ist. Alles wird belanglos; man erlebt die Außenwelt mit starker Benommenheit. Hinzu kommen Unrast und Müdigkeit zugleich, und jede Beeinflussung von außen ist einem zuwider. Selbstmitleid, Selbstvorwürfe und eine dumpfe Verzweiflung nehmen oft jeden Rest von Interesse am Geschehen.

Zur inneren Unruhe kommen unstet schweifende Gedanken: das Gefühl, sich zusammenreißen zu müssen; so vieles, was zu bedenken, zu bereden, zu erledigen ist...

Glücklich ist, wer in dieser Zeit an einen allmächtigen Gott und seine Weisheit glauben kann – aber auch diese Menschen hadern tief in ihrem Inneren mit ihm.
Trauergefühle sind sehr schmerzhaft: Sie können mit Wut und Zorn gemischt sein, sie brennen das Innerste wund und lassen keine Faser, keine Regung aus. Trauergefühle sind der Preis, der für das Glück der Gemeinschaft zu zahlen ist. Je mehr ein Mensch jemanden zu lieben fähig ist, um so härter wird ihn die Trauer bei dessen Verlust zu treffen wissen.
Die Trauergefühle und -reaktionen verlaufen in einem Kreislauf. Dem Trauerfall folgt das Erschrecken, dann kommen die Ängste, der Schmerz und die Unrast, die Müdigkeit bis zur Gleichgültigkeit auslösen können. In der Erschöpfung wird das Selbstmitleid ausgeprägter, Selbstvorwürfe kommen hinzu: Man ist dem Toten gegenüber sicher nicht immer korrekt und liebevoll gewesen.
Die aufkommende Verzweiflung führt zu einer Verstärkung der Erschöpfung, Beklemmung und Grübeln können Schlaflosigkeit auslösen. Der Kreislauf schließt sich. Schmerz, Unrast und Müdigkeit, Gleichgültigkeit und Selbstmitleid treten wieder auf. Die Reihenfolge kann anders sein, die Intensität der einzelnen Bereiche unterschiedliche Stärke haben.
Andere körperlich-seelische Zustände können hinzukommen. Bei einer normalen Trauer werden nach und nach einzelne Punkte abgeschwächt. Sie ebben ab, nehmen zu und ebben wieder ab, so lange, bis diese Trauerzustände überwunden sind, nur noch selten wiederkehren und dann ganz verschwinden.
Wenn die einzelnen Bereiche sich jedoch verstärken

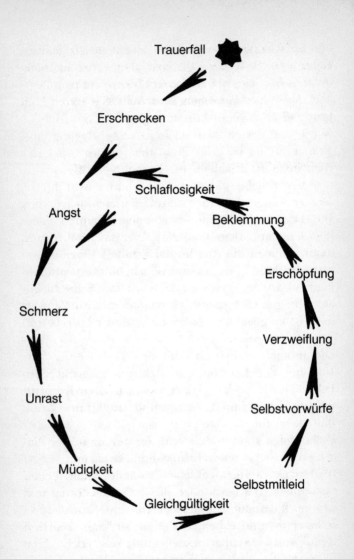

Kreislauf der körperlich-seelischen Zustände beim Trauern

und aufschaukeln, so wird der Kreislauf zur Spirale. Dann wird die Trauer zur Krankheit – zur Existenzbedrohung. In einem solchen Fall wird nur noch ärztliche Hilfe eine Besserung und Abhilfe schaffen können.

Todeserfahrung und Verunsicherung

Auf dem Lande lernt ein Kind früh Tod und Verlust kennen: eine geliebte Katze, die überfahren wird; ein Hund, der weitaus schneller altert als der Mensch und damit früher stirbt; ein Vogel, der aufgezogen wurde und den der Sperber erwischt – der Kreislauf der Natur wird früher und unbewußter erkannt. Die Erfahrung des Sterbens und Vergehens kann auch da bitter und tief sein und in die Gefühle eingreifen, doch werden Zusammenhänge erfaßt und nach und nach verarbeitet.
Den Stadtmenschen, von dem man den Tod in jeder Form fernhält und für den er ein Tabu geworden ist, trifft ein Verlust wesentlich unvorbereiteter und damit härter.
Der Mensch lebt in mehreren Bewußtseins- und Bedürfnisstufen, die sich aufeinander aufbauen: Gleich nach den Grundbedürfnissen Hunger, Durst, Schlaf und Sexualität kommt der Wunsch nach Sicherheit; dann erst folgen soziale Bedürfnisse, Geltungs- und Selbstentfaltungswünsche. Trauer ist eine Reaktion auf Verunsicherung. Ein Verlust hinterläßt eine schmerzhafte Lücke, die unbewußte Angst, daß sie sich verbreitet, neue Schicksalsschläge hinzukom-

men; sie ist eine der Gründe, warum Trauer so tief sein kann.

Unfähigkeit zur Trauer und ihre Folgen

Trauer muß ausgelebt werden; sie ist normal und natürlich. Trauer ist eine Antwort des Körpers und des Geistes auf einen Verlust.
Bei vielen Menschen stellt man jedoch fest, daß sie scheinbar ohne Trauer zurechtkommen: Die Phase der Gleichgültigkeit, der grauen Stunden und mechanischen Verrichtungen, diese Unruhe und Erschöpfung, die die seelische Arbeit der Trauer ausmacht, tritt nicht auf. Das Alleingelassenwerden und der Verlust von Träumen – die Enttäuschung wird scheinbar mit unerschütterlicher Haltung getragen.
Wenn Trauer zugedeckt, mit Schweigen verdrängt, abgebrochen und unterdrückt, d. h. der Trauerarbeit ausgewichen wird, dann werden Seele und Körper sich bitter rächen. Eine Wunde kann nicht heilen, der Verlust bleibt bestehen; der Betroffene wird keinen endgültigen Frieden finden. Wer eine Trauer nicht auf sich nehmen und leben kann, der kann sie auch nicht beenden und damit einen Neubeginn mit neuem, erfülltem Leben Platz machen. Auf Trauer muß und kann wieder Fröhlichkeit folgen – eine Unfähigkeit zur Trauer kann zu schweren seelischen und körperlichen Schäden führen.

Vorweggenommene Trauer

Unheilbar Kranke gehen, so die Sterbeforscherin Elisabeth Kübler-Ross, den Weg zur Annahme ihrer Situation in vielen Stufen; zur ersten gehören Erschrecken, Unverständnis und Abwehr. Man fragt sich, warum gerade man selbst und niemand anders betroffen wurde. Zorn, Groll, Wut und Neid, das Hadern mit dem Schicksal folgen. Hoffnung wechselt mit tiefer Verzweiflung, bis die Zeit der Zustimmung kommt, der Einwilligung, bei der aber immer noch ein Funken Hoffnung da ist, daß ein Neubeginn möglich wird.
Oft liegt eine weitere Phase dazwischen, das Verhandeln und Aufschieben: Wunderheilungen hat es ja schon gegeben, vielleicht bleibt einem das Glück treu?
Auch der Todkranke geht einen Weg der Trauer: Er nimmt Abschied von Träumen und Hoffnungen, sieht, daß vieles unerfüllt bleibt, woran er zeitlebens gearbeitet hat. Seine Trauer ist nicht weniger heftig; sie erfaßt das gesamte Gemüt und den ganzen Menschen.
Wenn der Tod langsam auf einen Menschen zukommt, wird sein Lebenskreis, werden die ihn umgebenden Personen mit ihm diesen Weg gelebter Trauer gehen. Sie werden mit ihm erschöpft und schlaflos sein, werden die körperlichen und seelischen Schmerzen von Abschied und Traurigkeit durchleben. Man sollte nicht darüber streiten, was härter ist: ein derartiger, langsamer Abschied oder ein abrupter Tod; die vorweggenommene Trauer, der Abschied in Etappen, nimmt jedoch dem Geschehen viel von seiner brutalen, vernichtenden Kraft.

Unwiderruflich veränderte Verhältnisse

Trauer, Abschiedsschmerz – oder wie auch immer wir diesen Zustand nennen wollen – ist nicht nur eine Reaktion auf das Sterben einer Person und das damit verbundene Leiden, sondern auch eine Reaktion auf die Veränderung der gesamten Umwelt. Es wird nie wieder so sein, wie es einmal war. Wir können unternehmen, was wir wollen – die Entscheidung ist endgültig.

Es trifft einen nicht nur die Situation, daß niemand mehr da ist, mit dem man sprechen und auf den man sich verlassen kann, der liebt und geliebt wird. Alles ändert sich, alles zerfällt: Die Wohnung ist leer und zu groß; die finanziellen Verhältnisse werden enger; oft folgt dem Tode nahestehender Menschen auch der Verlust der gewohnten, liebgewonnenen Umgebung. Der Kummer hat diese Überlegungen bzw. Fakten aus dem Bewußtsein verdrängt, doch das Unterbewußte reagiert auf die zu erwartenden Veränderungen mit Angst und Schrecken.

Diese Beklemmung lähmt, der Betroffene kann nicht mehr auf andere Menschen zugehen. Er glaubt im Unterbewußten, der Welt, die ihn so enttäuschte, nicht mehr gewachsen zu sein; er empfindet sie als feindlich, ungerecht und bedrohlich wie noch nie.

Trauergebräuche

Tod, Trauer und Verzweiflung hat es schon immer gegeben, früher viel mehr als heute, haben wir doch fast ein halbes Jahrhundert Frieden und hat doch die Medizin die Geißel der Infektionskrankheiten bei Kindern besiegt.

Früher mußte man viel öfter von Lieben Abschied nehmen. Man lernte mit Kummer umzugehen – Sitte und Brauchtum führten zu tröstenden Riten.

In Gemeinschaft sind Trauer und Not leichter zu ertragen. Wenn es jemanden gibt, der Gefühle teilt, wenn der Schmerz nicht mehr einsame Menschen trifft, wenn jemand zuhört, mitfühlt und mitgeht, ist die Verzweiflung nur noch halb so schlimm.

Gebräuche sind Gruppenreaktionen von Menschen und in ihren Ursprüngen so alt wie unsere Kultur. Sie finden dann Anwendung, wenn Zusammenhänge nicht mehr vom Verstand allein zu erfassen sind. Der Gruppe und dem Einzelnen werden Verhaltensweisen gezeigt, die im Augenblick und im weiteren Leben existenzsichernd wirken. Sie haben die Aufgabe, dem Trauernden Nähe und Mitgefühl zu zeigen, Zuneigung und Wärme, ein Mittragen des Schmerzes zu bringen. Sie zeigen, daß der Trauernde ein Recht auf die Hilfe und die Trauer hat, daß er sich seines Zustandes nicht schämen muß. Er darf Gefühle zeigen, wenn die Stunde des Abschieds kommt, wenn losgelassen und freigegeben werden muß, ohne auf ein Wiedersehen in dieser Welt hoffen zu können.

Gebräuche zeigen, daß die Situation nicht dunkel und aussichtslos ist, die Hilflosigkeit normal, der Kummer alle gleich betrifft. Sie machen auch klar, daß Tod, Abschied und Trauer ein Stück des Lebens sind – so normal wie die Geburt, das Aufwachsen, das Reifen, wie das Glück und die Liebe zwischen Menschen.

Schmerz und Verzweiflung muß man ausleben

Der Trauernde glaubt, nie mehr unbeschwert sein zu können, daß die Lebensfreude verschwunden ist und nie mehr zurückkehren wird. Jeder Mensch sollte den Mut haben, sich zu dieser Trauer zu bekennen. Er sollte auch wissen, daß bereits ein Gespräch guttut und Leid ausgesprochen werden kann; daß nach Ausleben der Trauer erst stunden-, dann tageweise und zuletzt wieder voll die alten Kräfte wiederkehren; daß man wie aus einem Alptraum erwacht und wieder offen für beglückende Bindungen wird.
Trauer, Verzweiflung und Schmerz sind nicht nur ein Zustand, sondern eine Wegstrecke, ein Ablauf. Etappen kennzeichnen den Weg – es gibt Übergänge, aber auch Sprünge und Auslassungen. In manchen Ländern ist es Brauch, den Schmerz herauszuschreien, ihn auszutanzen, sich abzureagieren, bis zur Ekstase und Erschöpfung – zu Ehren der Toten und zum eigenen Schutz.
Wenn die ersten Tage der Betreuung vergangen sind, und die Freunde wieder ihren Weg gehen, wird es einsam, auch wenn Kinder da sind, wenn Pflichten helfen, wenigstens vorübergehend den Schmerz zu betäuben. Niemand kann diese Einsamkeit ganz wegnehmen – sie ist Teil der Trauer, bis die Fähigkeit zurückkommt, sich wieder zu verlieren und zu binden.
Man ist dem Schmerz ausgeliefert – wenigstens eine Zeitlang. Er wird später gehen und wiederkommen, wie er will. Er wohnt bei der Trauer im Menschen

selbst wie ein unsichtbarer Geist. Irgendwann wird er sich nicht mehr auf Dauer halten können, in immer längeren Abständen wiederkehren, um dann zu verblassen. Die Verzweiflung läßt spätestens dann nach, wenn sich zeigt, daß das Leben seinen Gang nimmt – einen neuen zwar, aber einen, den man akzeptieren kann.

Mut zur Trauer, aber auch zum Neubeginn

Wir sollten niemals vergessen: Der Mensch ist ein Wesen der Natur, also ist er auch ihren Gesetzen unterworfen. Eines der wesentlichsten dieser Gesetze sagt, daß der Zeugung Entwicklung und Geburt, Erziehung und Hochzeit, Lebensleistung und Altersabbau folgen und daß der Tod, der am Ende dieses Zyklus steht, nicht nach Plänen und Wünschen des Menschen fragt. Wir leben, im gleichen Zyklus, in den Kindern weiter. Alles, was wir tun und schaffen, hat einen gleichgelagerten Ablauf.
Unser Leben ist wie eine Welle, die irgendwoher kommt, aufsteigt, eine kleine Weile braust und schäumt, um dann auszulaufen und wieder irgendwohin zu verschwinden.
Diese Welle hat keinen Anfang und kein Ende. Aber innerhalb der Welle sind wieder Wellenhöhen mit übermütigen Spritzern des Glücks und Tälern der Trauer. Beide enden wieder, wie sie gekommen sind. Solange wir leben, werden wir Trauer um Verlorenes, Todeserfahrungen und Verunsicherungen spüren, wir werden Veränderungen hinnehmen müssen,

Schmerz und Verzweiflung ausleben. Das ist Teil unseres Lebens wie die Freude und das Glück. Wenn wir bereit sind, das zu akzeptieren, ist schon viel gewonnen.

Verlustreaktionen

Es ist schwierig, für einen mit Urgewalt über den Menschen hereinbrechenden Gemütszustand ein Ablaufschema zu erstellen. Trotzdem gibt es Versuche, derartige Zustände zu fassen: Maslow hat eine »Hierarchie der Bedürfnisse« aufgestellt, um die Motivationen des Menschen zu erklären; sie haben bei Verlustreaktionen eine große Bedeutung.
Maslow sagt, daß Hunger, Durst, Schlaf und Sexualität Grundbedürfnisse sind. Ohne diese erfüllt zu haben, können wir an nichts anderes denken – ein Zustand, wie man ihn bei der Trauer findet. Ist Trauer also ein Grundbedürfnis des Menschen?
Sind die Grundbedürfnisse erfüllt, will der Mensch sicher sein, sie zu behalten. Erst dann kann er Freundschaften schließen. Man kann nicht ein fürsorglicher Partner für denjenigen sein, der einem die Freundin ausspannt oder den Arbeitsplatz wegnimmt! Nur wer Freundschaften schließen kann, wird dort Geltung, später Selbsterfüllung finden.

Wir wissen heute aus der Beobachtung, daß Menschen auch dann eine Selbsterfüllung finden können, wenn sie nicht alle Grundbedürfnisse abgedeckt haben, daß also für viele Menschen das Ablauf- und Entwicklungsschema nicht in der allgemeinen Form gilt. Es bleibt aber dennoch eine wertvolle Verständnishilfe.

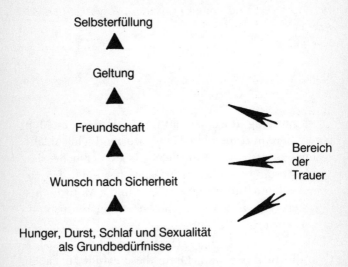

Einordnung der Trauer in die Bedürfnishierarchie nach Maslow. Trauer gehört zu den emotionalsten Regungen des Menschen. Der Unterschied zu den allgemeinen Bedürfnissen liegt im sporadischen, zeitweisen Auftreten. Trauer dringt in die unteren Hierarchiestufen ein und kann sie für einige Zeit verdrängen bzw. überlagern.

So sind auch die fünf Phasen von Verlustreaktionen zu werten. Diese Einteilung ist der Versuch einer Ordnung; einzelne Teile werden sich verschieben, unterschiedlich stark auftreten, vielleicht sogar ausbleiben oder übermächtig werden; andere kommen hinzu.

Erfahrungen beim Tod geliebter Menschen

Jeder von uns wird eigene Erfahrungen mit der Trauer haben und wissen, wie er auf Verluste reagiert. Hinzu kommen die Erfahrungen im Freundeskreis; hier müssen wir aber bereits unterscheiden: Während wir bei uns selbst und engen Freunden, mit denen wir zusammen sind, die volle Tiefe der Trauer erleben, ist das beim Kontakt mit der Trauer anderer nicht der Fall.

Wenn auch die Reaktionen einzelner sehr unterschiedlich scheinen, so treten doch erstaunliche Übereinstimmungen auf:

- Der Tod eines Menschen bewirkt eine Emotion, die das Selbst- und das Weltverständnis des Betroffenen tief erschüttert.
- Durch diese Emotion nehmen wir Abschied, arbeiten die zerbrochene Beziehung auf und integrieren sie in uns selbst.
- Der Todesfall ist ein Extremerlebnis, das radikal in alle Bereiche eingreift; das Begreifen des Verlustes fordert den ganzen Menschen.
- Trauer und Schmerz bringen die Möglichkeit, eine Situation neu zu gestalten, sich neu zu entfalten und neue Bindungsfähigkeit zu entwickeln.
- Die Gesamtheit der Möglichkeiten der Trauer ist überlagert davon, daß im Leben als sicher Geltendes nicht mehr besteht.
- Trauer ist mit kaum beschreibbarem Schmerz, mit Finsternis in Seele und Denken, mit Angst, Überdruß und Erschütterung, mit körperlichen und unbewußten Reaktionen verbunden.

- Wird Trauer nicht ausgelebt und verarbeitet, kann es noch lange nach dem Trauerfall zu ernsten seelischen und körperlichen Beeinträchtigungen kommen.

Der Ablauf der Trauerreaktion selbst kann in die Phasen des Schocks, der Emotionen, des Begreifens, der Trennung und des Neubeginns unterteilt werden. Die fünf Stufen des Trauervorgangs sind demnach das Kernstück aller Überlegungen, auf denen ein Konzept zur Hilfe bei der Trauerarbeit aufgebaut werden kann.

Fünf Stufen des Trauervorgangs

Zwei Situationen sind es, die Trauer unterscheiden und prägen können: der schnelle, unerwartete Tod und der langsame Tod, bei dem der dem Tod zugehende Mensch mit den trauernden Menschen einen langen Weg gemeinsam gehen kann. Bevor die fünf Stufen der Verlustreaktionen aufzugliedern sind, müssen deshalb die *vier Stufen, die langsam Sterbende gehen müssen,* angesprochen werden. Elisabeth Kübler-Ross hat sie in ihrem Buch »Interviews mit Sterbenden« meisterhaft beschrieben:

1. Erschrecken, Unverständnis und Abwehr
Wem gesagt wird, daß er nur noch eine beschränkte Zeit zum Leben in unserer Welt hat, der wird eine »Erschreckenszeit« brauchen, um diese Nachricht zu begreifen. Das kann Wochen dauern! Sicher hat hier die Natur einen Puffer zwischen die Erkenntnis von Unab-

änderlichem und das dadurch ausgelöste Entsetzen geschoben. Das hilft, derartige Nachrichten leichter zu ertragen!
Es dauert oft lange, bis man begreift, was verloren ist oder was unwiederbringlich verloren gehen wird. Man wird auszuweichen, abzuwehren suchen. Die Wirklichkeit zeigt sich verschwommen, unklar – man will sie nicht sehen und wahrhaben. Religiöse Menschen haben es in dieser Phase leichter: Sie können glauben, daß Gottes Ratschluß das Beste ist. Andere sind nicht so zuversichtlich; sie stehen dem, was kommt, oft sehr hilflos gegenüber.

2. Zorn, Groll, Wut und Neid

Irgendwann begreift man, was geschehen ist, daß es in Zukunft nie mehr so sein wird, wie es einmal war. Ein Teil dessen, was wir gewohnt waren, fehlt. Das Wissen, in das Ungewisse gehen zu müssen, trifft wie ein Schlag; die Reaktionen sind entsprechend: Zorn, Groll, Wut und Neid gewinnen die Oberhand. Man sieht in die Runde: bei allen anderen geht das Leben weiter, nur man selbst wird ausgeschlossen, verliert die Zukunft.
Angst kommt hinzu: die Versorgung der Familie muß sichergestellt werden, solange noch Zeit ist. Die von Gewohnheiten geprägte Vorstellungswelt stimmt auf einmal nicht mehr. Was wollte man alles schaffen, unternehmen! Nun wird es nicht mehr oder nur mit Mühe möglich sein. Auch Ältere werden von Trotz, von Groll gegen die Gesunden und Intakten, von Wut über ein unerfindliches und unergründliches Schicksal und von Neid auf die anderen nicht verschont.

3. Aufschieben, verhandeln und hoffen
Die Natur gibt und nimmt, sie ist immer auf einen Ausgleich bedacht. Sie ist so eingerichtet, daß der Mensch auch in tiefster Depression und Verzweiflung wieder einen Funken Hoffnung faßt. Religiöse Menschen wallfahrten, stiften eine Kerze, legen ein Gelübde ab, beten zu den Heiligen und hoffen, daß ihnen geholfen wird. Sie wollen Unabänderliches, wenn es schon nicht aufgehoben werden kann, doch zumindest hinausschieben – wenigstens etwas, eine kleine Weile.

Hoffnung hilft Leiden erleichtern, für eine kurze Zeit auch mal, eine Situation zu leugnen; das gilt für den Kranken genauso wie für die Hinterbliebenen. Warum soll kein Wunder geschehen? Zum anderen hilft diese Zeit, nüchtern zu denken, das zu regeln, was man die »letzten Dinge« nennt. Das Testament, Erbregelungen gehören in diesen Bereich. (Es könnte doch sein, daß kein Wunder geschieht. Dann sollte man doch rechtzeitig vorbereitet sein!)

In diesem Zeitraum werden Todkranke erstaunlich gut mit ihren Problemen zurechtkommen, es schaffen, die Depressionen zu beherrschen, damit sie den Menschen nicht ganz überwältigen.

4. Zustimmung, Einwilligung und Mut zum Gehen des Wegs
Ist es die Schwäche oder die Folge der Krankheit, daß sich Menschen mit dem Sterben abfinden? In jener Zeit, wo Familienangehörige noch zuhause in Würde starben, zeigten sie in den letzten Stunden meist eine erstaunliche Klarheit, die einen Abschied ermöglichte. Nirgendwo zeigt sich die Erbarmungslosigkeit und

Unmenschlichkeit unserer Zeit mehr als in Sterbezimmern, wo Kranke unter Medikamenteneinfluß in die andere Welt hinüberdämmern müssen.
Man sagt, daß der Tod eines Menschen kurz bevorstehe, wenn er nach langer Krankheit die Hoffnung verliert. War der Verstorbene längere Zeit krank, so sind die Angehörigen den langen Weg von Unverständnis und Abwehr, von Zorn und Neid, Depression und Hoffnung, Aufschieben, Verhandeln und letztendlichem Zustimmen zusammen mit dem Sterbenden gegangen.
Wir werden sehen: *Der Weg, der bei der Trauerarbeit zurückzulegen ist, hat mit dem Weg des Todkranken und des Sterbenden viel gemeinsam. Nur gibt es für den Hinterbliebenen am Ende der Trauer den Neubeginn.*

5. Neubeginn

Kommt der Tod überraschend, dann müssen die Hinterbliebenen den langen Weg, den sie sonst mit dem Sterbenden gehen, allein beschreiten, oft ohne Hilfe, mit einer Fülle familiärer, finanzieller und sonstiger Probleme. Mancher ist sehr schwer gestorben, wenn er seine Lieben unversorgt zurücklassen mußte.
Sicher braucht Trauer seine Zeit, aber auch das Leben muß weitergehen! Viele trösten sich damit, daß es schlimmeres gibt als das Sterben; ein langes Siechtum gehört dazu. Der Tod ist zu irgendeiner Zeit da, niemand weiß genau wann.
Bei Umgang mit der Trauer wird oft nur diese letzte Stufe, die des Neubeginns, gesehen. Man drängt sich oder wird gedrängt wieder Pflichten zu übernehmen; man hofft, daß die Ablenkung einen leichteren Über-

Zur Verdeutlichung ein zusammenfassendes Schaubild über den Einbruch des Gefühlslebens bei Verlustreaktionen:

Todesfall

1. Schock

Erschrecken
Unverständnis
Abwehr

2. Emotionen

Zorn
Groll
Wut und Neid

3. Begreifen

Aufschieben
Hoffen
Erfassen

4. Trennung

Zustimmung
Einwilligung
Verstehen

5. Neubeginn

Mut
Einordnung
Wille zum Leben

gang schafft. Oft rächen sich aber der Körper oder der Geist bitter, wenn eine derartige Behandlung stattgefunden hat. Gerade hier ist zu überlegen, sind die Erfahrungen zu sichern und zu sichten; ein Konzept muß geschaffen werden, das in schwerer Zeit wie ein Gerüst hilft.

Es ist ziemlich gleichgültig, ob als Verlust ein Todesfall, der Wechsel des Wohnortes, eine zerbrochene Beziehung oder eine berufliche Katastrophe auftritt, der Ablauf der Reaktionen ist gleich oder zumindest ähnlich:

1. Der *Schock* trifft – mit oder ohne Vorbereitung auf die Tatsache des Verlusts – hart; er führt zu Erschrecken und Existenzangst, zu Unverständnis gegenüber den Gründen und zu einer instinktiven Abwehr.

2. Die *Emotionen* brechen auf: Zorn auf Gott und die Welt, auf die anderen Menschen und den Toten oder auf einen anderen Verursacher, Groll auf sich selbst und alle; Wut auf das Schicksal und Neid auf jeden, der nicht betroffen ist, kennzeichnen diese Stufe.

3. Das *Begreifen* führt zum tiefsten Einbruch in das Gefühlsleben – und zu den seelischen und körperlichen Problemen der Trauer. Eine Entscheidung wird aufgeschoben; man hofft auf ein Wunder. Letztlich werden die Tragweite und Unwiederbringlichkeit des Verlusts verstandesmäßig und emotional erfaßt.

4. Die *Trennung* bringt gleichzeitig die Umkehr und führt auf den Weg der Wiederstabilisierung des Gefühlslebens. Der Zustimmung folgt die Einwilli-

gung. Es wird erkannt, verstanden und auch akzeptiert, daß es nie wieder so ist, wie es einmal war.
5. Der *Neubeginn* ist dann möglich. Hilfen führen dazu, daß der Mut zurückkehrt, daß sich der Betroffene wieder einordnet in einen Rahmen, in die Gemeinschaft. Der Wille zum Leben erwacht neu; die Freude und die Fähigkeit zu neuen Beziehungen kehren zurück.

Das Wissen um diese Zusammenhänge erleichtert die verstandesmäßige Einflußnahme auf sich selbst.

Die Phasen der Trauer im Spiegel der Forschung
Schon in sehr früher Zeit hat man versucht, den Vorgang der Trauer zu erfassen und in Stufen einzuteilen:
- Bowly unterteilte in: *Protest, Desorganisation und Reorganisation.*
- Kreis und Patti verwenden andere Bezeichnungen für ähnliche Vorgänge: *Schock, Leiden und Wiederherstellung.*
- Engel wählt folgende Begriffe: *Schock, Verlusterkenntnis, Restitution.*
- Pollok verwendet die Bezeichnungen: *Schock, Trauerreaktion, Trennungsreaktion.*
- Oates unterteilt stärker: *Schock, Betäubung, Realitätsdurchbruch, Trauerbeginn, Rückerinnerung, Schmerz, Verlustannahme, Neubeginn.*
- Fulcomer nennt vier Phasen: *Schock, kulturell festgelegtes Verhalten, Emotionen, Trauerabschluß.*
- Jorik Spiegel bildet vier Stufen ähnlicher Form: *Schock, Kontrolle, regressives Verhalten, schrittweise Anpassung.*

- Waldemar Pisarski nennt die Stufen anders: *Überwältigung, Beherrschung, zurückgenommenes Leben, sich wieder öffnen.*
  Ob nun drei oder mehr Phasen gebildet werden – sie wiederholen sich, sind gleichartige oder Varianten von Verhaltensweisen. Je stärker man zu unterteilen versucht, um so weniger ist eine scharfe Trennung möglich.
  Es liegt nahe, die Stufen bis zum Akzeptieren des Sterbens vorzuschalten: *Schock, Emotionen, Begreifen, Trennung.* Die Hinterbliebenen müssen diesen Weg mitgehen, bei plötzlichem Tod nachvollziehen: *Schock, Handlungszwang, emotionales Begreifen, Trennung und Neubeginn* sind nun die Stufen. Sie umfassen das, was man Trauerarbeit nennen kann.

Schock: Entsetzen, Ratlosigkeit, Erstarrung

Lassen wir die Gedanken schweifen und erfassen wir, wie das war, als der Tod plötzlich und unerwartet in unseren Lebenskreis eingedrungen ist: Übrig bleibt ein Gefühl der Überwältigung, der Unfähigkeit, das Geschehen zu erkennen und zu begreifen. Todesnachrichten sind Schläge, die niederwerfen und betäuben, die zu Erstarrung und Lähmung genauso führen können wie zu Zusammenbrüchen oder spontanen Gefühlsausbrüchen.

Zum Protest, zur Emotion ist der Mensch in dieser Phase noch nicht fähig; dazu ist er noch zu sehr ge-

lähmt und erschrocken. Es kann zu echten Zusammenbrüchen kommen, an die sich die Betroffenen später nicht erinnern können. Es hat den Anschein, als würden sie die Umgebung nur verschwommen wahrnehmen oder als wären sie nicht in der Lage, einen klaren Gedanken oder irgendeine Vorstellung zu fassen.
Es ist normal, sich gehen zu lassen – die Reaktionen reichen vom stillen Weinen bis zum lauten Schluchzen; auch Ungläubigkeit gegenüber dem Geschehen ist typisch.
Von großer Bedeutung ist in dieser Phase die Art der Erziehung. Sie ist heute anders als früher: Die ältere Generation lernte, »Haltung« zu bewahren. In früheren Zeiten, im Krieg und bei Seuchen, war es einfach nötig, sich durch den Tod geliebter Menschen nicht aus dem Gleichgewicht bringen zu lassen – es galt den Tod und die Vernichtung von sich selbst und den verbliebenen Freunden abzuhalten. Im Kampf, in der Auseinandersetzung hatte man keine Zeit für Trauer. Der »Schaden« mußte so klein wie möglich gehalten werden. Daß hier immer seelische Schäden blieben, war sekundär – das Überleben war wichtiger.
Es soll deshalb niemand den verachten, der den Schock in »Haltung« überwindet, stoisch und unbeugsam. Es ist eine instinktive Reaktion, denn auch heute noch, bei Katastrophen und Unglücksfällen, wird dieses Verhalten Weniger die Existenz Vieler sichern.
Wie aber verhält man sich, wenn keine unmittelbare Bedrohung vorliegt? Im ungünstigsten Fall dauert die Phase des Schocks einige Stunden oder ein bis zwei Tage. Trotz des Schocks läßt sich die Kontrolle dann – mit Hilfe von Freunden – wiederfinden.

Schockwirkungen bei Todesfällen führen zu folgenden Gemütsregungen:
- Überwältigung
- Unfähigkeit des Begreifens
- Betäubung
- Erstarrung und Lähmung
- Erschrecken
- Unklare Wahrnehmungen
- Stilles Weinen
- Ungläubigkeit
- Lautes Schluchzen
- Krampfhäfte Haltung
- Zusammenbruch

Der Mensch befindet sich in einer Ausnahmesituation. Das Geschehen hat ihn voll getroffen und sein Verhalten vorübergehend grundsätzlich verändert.

Handlungszwang: Anforderungen der Gesellschaft

Wir müssen zwei wesentliche Unterschiede erkennen lernen: den Ablauf eines Verlusterlebnisses in den ihm eigenen fünf Stufen (Schock, Emotionen, Begreifen, Trennung und Neubeginn) und den Ablauf, zu dem die Gesellschaft zwingt. Hier entstehen die ersten Unterschiede zu Verlustreaktionen wie Heimweh, Liebeskummer, Arbeitsplatzverlust, Scheidungskummer u. a. Dort läßt man den Betroffenen meist Zeit, die Stufen abzuarbeiten, um wieder reif für den Neubeginn zu werden.

In unserem Fall von Trauer ist ein Toter zu begraben. Das ist mit gesellschaftlichen Riten verbunden, die zugleich Belastung und Hilfe sein können. Hier von einer »kontrollierten Phase« zu sprechen, wie es oft geschieht, ist Hohn: Es ist zweifellos eine erzwungene, von der Notwendigkeit diktierte Phase, ein Ablauf, der nicht vermieden werden kann. Natürlich gehört aber auch er zum großen Bereich der Trauer – er hat in seiner Form gravierende Einflüsse auf die Trauer und den Trauernden.

Die Wirklichkeit des Todes wird bewußt, bevor die Emotionen ausgelebt sind, bevor das Begreifen stattgefunden hat; der Trennungsprozeß ist in einen Zeitplan gezwängt. Bei Liebeskummer heilt die Zeit, eine Reise, eine neue Beziehung – ohne Zeitplan.

Die Tatsache des Sterbens wird nun verbunden mit hektischer Aktivität in der nötigen Beherrschung, obwohl der Trauernde all das wie durch einen Schleier wahrnimmt, mit einem Gefühl der Unwirklichkeit – so, als wäre er nicht der Betroffene, sondern ein Beobachter.

Während der Phase des »Handlungszwangs« reagieren Trauernde oft so, als hätten sie keine Beziehung zum Geschehen, als bestände zwischen diesem und der eigenen Wahrnehmung eine große Distanz. Trauernde können reagieren, als hätten sie keine Gefühle, wären kalt und unberührt, oder Automaten. Dieser Zustand wird abgelöst von Gefühlen der Angst und einer Panik, die so extrem ist, wie man sie noch nie erlebt hat. Das Sprechen ist mühsam und unterbleibt, soweit

das möglich ist. Die tägliche Routine kann nicht fortgesetzt werden; eine Überaktivität findet kein echtes Ziel. Mißtrauen, Reizbarkeit und Verletzlichkeit nehmen zu. Das Unbewußte zeigt, daß sich Beziehungen ändern.
So bleibt auch diese Phase des Handlungszwangs mit Emotionen überladen. Nur mit Hilfe anderer Menschen werden die gesellschaftlichen Pflichten bewältigt.
In dieser Zeit kommt es besonders auf die Menschen an, mit denen man lebt: Sie müssen Hilfestellung leisten, wenn der Schmerz zu groß ist und sich die Tränen nicht unterdrücken lassen. Mit Hilfe der Angehörigen wird der emotionale Zusammenbruch, der dem Begreifen folgt, hinausgeschoben.
Der Trauernde versucht, sich selbst zu kontrollieren; die Angehörigen fordern, daß die Bestattung gesellschaftlich angemessen durchgeführt wird. Weil der Betroffene, der Trauernde sich weitgehend passiv verhält und kaum eigene Entscheidungen trifft, werden sie ihm jede mögliche Entlastung bringen müssen.
Die Ausnahme ist wieder der »beherrschte« Mensch, der offensichtlich sein Gefühlsleben voll im Griff hat. In der Regel wird diese Gruppe dieses Verhalten später büßen müssen, denn das Unbewußte erlaubt auf Dauer kein derartiges Verhalten. Unerklärliche Krankheiten oder gar ein überraschender Tod sind oft die Folgen dieser »stoischen« Reaktionen.

> Der *Handlungszwang* bei Todesfällen führt zu vorübergehendem kontrolliertem Verhalten. Dabei treten Belastungen auf:
> - Gefühle der Überforderung
> - Bewußtwerden des Todes
> - Pflicht zur Einhaltung von Zeitplänen
> - Zwang zur Aktivität
> - Empfindungen der Unwirklichkeit
> - Mühen der Selbstkontrolle
> - Distanz zum Geschehen
> - Angst und Panik
> - Mißtrauen, Reizbarkeit, Verletzlichkeit
> - Unfähigkeit zu Routinetätigkeiten
> - Automatenhaftes Verhalten
>
> Die Beerdigung und die damit verbundenen Pflichten werden mit Hilfe von Angehörigen und Freunden überstanden, aber nur in einem Gefühl zwischen Traum und Wirklichkeit wahrgenommen.

Emotionales Begreifen: Vom Groll zum Erfassen

Nach der Beerdigung läßt die Anspannung nach, es wird stiller und einsamer. Diese emotionale Phase ist wichtig, und sie ist schmerzlich und schwierig. Sie muß zum Verstehen, zum Zustimmen und zum Einwilligen führen, wenn die Trennung überwunden werden soll. In diesem Zeitraum entscheidet sich, ob eine vom

Schicksal geschlagene Wunde schnell heilt oder noch lange offen bleibt.
Der Stufe des Handlungszwangs mit Beherrschung und Disziplin folgen nun Zeiten der Gefühlsschwankungen: Tränen, Klagen, Empfindlichkeit, Mißtrauen, ein Wechsel von Apathie und Unruhe und große Erregbarkeit kennzeichnen diese Periode.
Das Suchen nach dem Verstorbenen erreicht einen Höhepunkt. Die Sehnsuchtsgefühle werden übermächtig; besonders an Orten, wo man sich gern gemeinsam aufgehalten hat, fühlt man den Toten so nahe, als ob er aus der Unsichtbarkeit heraustreten wollte. Gegenwart und Vergangenheit gehen auf einmal ineinander über, wenn alle Gedanken um einen Verstorbenen kreisen.
Die Erinnerung beginnt, ein Idealbild zu zeichnen und dabei eigene Schuldgefühle mit einzubringen. Wie oft hat man gerade diese Person unaufmerksam, nicht liebevoll, behandelt. Das Endliche wird bewußt, die Unausweichlichkeit des Todes erkannt. Alles, was vorher wichtig war, ist nun nebensächlich.
Die Selbstanklage kann einen gefährlichen Höhepunkt erreichen, die Vergangenheit wird nach Versäumnissen und Fehlern abgesucht. War die Pflege hinreichend? Warum hat man den bevorstehenden Tod verschwiegen? Warum ließ man den körperlichen Verfall zu, und warum belog man sich selbst und den Sterbenden? Zum Schamgefühl kommt Verzweiflung, die durch das drückende Gefühl der Einsamkeit noch verstärkt wird.
Auch gläubige, religiöse Menschen können in dieser Phase mit Gott hadern. Warum hat er eine derartig

einschneidende Entscheidung getroffen, die das Leben so umkrempelt? Fragen zu Himmel und Hölle tauchen auf – wo bleiben die Toten, und gibt es tatsächlich ein Wiedersehen? Kann mit ihnen Verbindung aufgenommen werden? Oft hilft selbst das Gebet, tausendmal bewährt und hilfreich, nicht viel. Wenn derartige Gedanken ausgesprochen werden, darf nicht Erschrecken die Antwort sein.

Der Schmerz muß angenommen werden, er kann den Trauernden kindisch werden, ihn unsinnig und widersprüchlich handeln lassen. Gefühlsschwankungen kommen zutage, wie sie seit der Pubertät nicht mehr auftraten. Der trauernde Mensch zeigt in dieser Phase oft Regungen, die an die von Kindern und Jugendlichen erinnern. Dieser Vorgang wird Regression genannt: Der Trauernde geht im Verhalten in Entwicklungsstufen zurück, in denen er sich noch anlehnen konnte, als die Einsamkeit nicht so groß und für jede Forderung eine Befriedigung vorhanden war.

Weil die Persönlichkeit erkennt, daß sie den Umständen nicht mehr gewachsen ist, sinkt das Denken, verlagert sich das Handeln auf eine niederere Ebene (topische Regression). Weil in der frühkindlichen Zeit ein Übermaß an Befriedigung der Bedürfnisse vorhanden war, verhält sich der Trauernde wie ein Kind (zeitliche Regression). Man erinnert sich an frühere Verlusterlebnisse und wie sie bewältigt wurden. Positive Erinnerungen an schöne gemeinsame Zeiten werden überbewertet, negative ausgeschlossen. Andere Menschen wieder flüchten sich in Aberglauben oder in Furcht (formale Regression).

Das Verhalten in dieser Phase kann die Umwelt, vor

Das *emotionale Begreifen* beeinflußt die ganze Gefühls- und Gemütsspanne. Diese schmerzhafte Phase zeichnet sich durch folgende Verhaltensweisen aus:
- Gefühlsschwankungen
- Tränen und Klagen
- Mißtrauen
- Wechsel von Apathie und Unruhe
- Sehnsuchtsgefühle
- Schwanken zwischen Gegenwart und Vergangenheit
- Idealisierung des Verstorbenen
- Schuldgefühle
- Selbstanklagen
- Einsamkeit
- Hadern mit Gottes Ratschluß
- Unsinnige und widersprüchliche Handlungen
- Rückfall in frühere Verhaltensweisen
- Geisterglaube
- Unrealistisches Denken

Die Endlichkeit des Lebens wird erschreckend bewußt, die neue Situation erkannt und erfaßt. Es ist eine Zeit des Schwankens zwischen unbewußten Störungen und der mit der Wiederkehr der Kräfte verbundenen Trennung vom Verstorbenen.

allem die Familie befremden, die diesem unklaren Prozeß mit wachsendem Mißtrauen gegenübersteht.

Trennung: Verstehen und sich abfinden lernen

Mag die Stufe des emotionalen Begreifens noch so schmerzhaft sein – zeitweise lichtet sich der Vorhang, der den Trauernden von den Dingen des Lebens trennt. Der Weg zum Verstehen der Situation und zum Akzeptieren des Zustands wird Schritt für Schritt begangen, doch sind auch in dieser Stufe eine Menge Widerstände zu überwinden.

Man erkennt, daß die bisherige, gemeinsame Daseinswelt unwiederbringlich zusammengebrochen ist. Das setzt viele, auch aggressive Energien und starke emotionale Regungen frei, die sowohl in Klagen wie auch in eine beinahe wütende Aktivität münden können.

Bisher war die gesamte Energie nötig, einen Zusammenbruch zu vermeiden und sich aufrecht zu erhalten, sie war also nach innen gerichtet. Nach und nach werden nun Teile davon wieder in Aktivitäten nach außen verwendet. Das irrational erscheinende Verhalten normalisiert sich nach und nach, die Orientierung des Denkens ausschließlich auf den Verstorbenen nimmt ab, die Umgebung wird wieder wahrgenommen. Die Wut und der Zorn auf Personen, von denen erwartete Hilfe ausblieb, läßt nach und gibt Raum für ein versöhnlicheres Denken.

Der Glaube an die Verläßlichkeit Gottes kehrt zurück, selbst wenn die erwartete Weltordnung, nach der ältere vor jüngeren, schlechtere vor besseren Menschen zu sterben haben, sich als nicht verläßlich erwiesen hat. Der Verstorbene wird auf einmal kritischer betrachtet; das kann bis zu Zorn und Wut auf den Toten führen.

Auch das ist ein deutliches Zeichen der Loslösung und Trennung. Wenn dieser Ausbruch vorüber ist, wird dem Toten »etwas Gutes getan«, eine Kerze gespendet oder eine Messe gestiftet; man sorgt sich um den Verstorbenen in der anderen Welt.

Die Erleichterung wird gespürt, die z. B. durch den Wegfall einer langen und schwierigen Pflege entstanden ist. Dieses Gefühl führt zu Scham und Ärger über sich selbst, zu einem Schuldgefühl. Eigene Ängste werden stärker: In den vorhergehenden Stufen hätte der eigene Tod eine Erfüllung, ein Ende des Kummers bedeutet, nun treten wieder erste Ängste um die eigene Existenz auf. Nicht allein die Frage des Todes, sondern die des Überlebens in einer anderen Umwelt wird wieder wesentlich.

Man kämpft dagegen an, daß das Leben ohne den Toten sinnlos erscheint. Das verminderte Selbstwertgefühl wird wieder aufgebaut, das Einsamkeitsgefühl durch Aktivitäten gemindert. Die Situation zu akzeptieren und sich abzufinden ist bereits der Schritt zum Neuanfang.

In der *Trennungsphase* findet sich der Trauernde mit der Tatsache des Verlusts und ihren Folgen ab. Der Weg zum Akzeptieren der Situation führt zu verändertem Verhalten:
- Starke emotionale Schwankungen
- Freisetzung aggressiver Energien
- Wechsel von starken Aktivitäten und Apathie
- Umkehr der Reaktionsrichtungen von innen nach außen

- Abnahme der Ausrichtung auf den Verstorbenen
- Wiederwahrnehmung der Umgebung
- Versöhnlicheres Denken
- Kritik am Verstorbenen
- Zorn wegen »Treulosigkeit« und Verlassen
- Schuldgefühle
- Sorge um das Wohl des Verstorbenen in der anderen Welt
- Erleichterung wegen Wegfalls der Pflege
- Existenzängste vor der Zukunft

So schwankend und widersprüchlich wie die Gegensätze der Aufstellung, sind die Regungen des Gefühlslebens auf dem Wege der Wiederstabilisierung. Das Selbstwertgefühl kehrt zurück, die Einsamkeit wird weniger bedrückend empfunden. Der Trauernde bereitet sich auf die Rückkehr in normale Lebensverhältnisse vor.

Neubeginn: Das Leben wieder fest in die eigenen Hände nehmen

Als wenn eine Zentnerlast von ihnen genommen würde, so befreien sich manche Menschen von der Last der Trauer. Sie wachen auf, blinzeln erstaunt in die Welt, die auf einmal wieder fröhlich und heiter, angenehm und lebenswert ist. An einer Vielzahl von veränderten Verhaltensweisen kann dieses Wiedererwachen erkannt werden:

- Beim Gang zum Friedhof werden die Schönheit der Blumen, ihr Duft bemerkt und der Vogelruf wieder gehört. Die kleinen Dinge und Freuden des Lebens werden wieder wahrgenommen.
- Das Idealbild vom Verstorbenen verblaßt; die Erinnerung umfaßt nicht nur die schönen Stunden, sondern auch die weniger erfreulichen. Die Realität tritt wieder in den Vordergrund.
- Dinge, die dem Verstorbenen gehörten, werden aufgeräumt oder verschenkt, die von ihm genutzten Räume und Gegenstände wieder verwendet, ohne daß die Erinnerungen zu stark sind. Man geht unbefangener mit dem hinterlassenen Besitztum um.
- Das Leben mit dem Verstorbenen wird in die eigene Person integriert, verinnerlicht. Der Tote wird nicht mehr gesucht, die Sehnsucht ist geringer. Manchmal wird er beneidet, weil er den Weg schon zu Ende gegangen ist.
- Alte Hobbys werden wieder aufgegriffen; mit der Freude an der Gesellschaft kehren die Freunde wieder zurück. Schmucke Kleidung stärkt das Selbstbewußtsein. Das Zugehen auf Menschen löst die Passivität ab, Nähe und Vertrauen werden gesucht.
- Die Bindungsfähigkeit kehrt zurück. Sehr oft werden bei der Wahl neuer Partner alte Fehler vermieden; die Ursache ist ein Reifeprozeß. Prioritäten werden anders gesetzt, geheime Fähigkeiten kommen zum Vorschein. Bisher verdrängte Wünsche lassen sich erfüllen.
- Irgendwann stellt sich die Frage, ob das bisherige

Leben denn alles gewesen sein soll. Das ist das sicherste Zeichen, daß der Neubeginn eingesetzt hat. Lebenshunger kann genauso die Überhand gewinnen wie der Gedanke, einer Knechtschaft entronnen zu sein.

Der *Neubeginn* wird die Trauer kraftvoll beenden, wenn es auch hin und wieder zu schmerzvollen Rückschlägen kommt. Die Trauerarbeit geht dem Ende zu – es zeigt sich deutlich im Verhalten:
- Die kleinen Schönheiten des Lebens werden wieder wahrgenommen.
- Idealbilder verblassen.
- Der Realitätssinn kommt wieder.
- Verinnerlichungen reduzieren die Sehnsucht.
- Bindungen an Freunde werden wiederbelebt und gefestigt.
- Hobbys bekommen neues Gewicht.
- Auf gute Kleidung wird mehr geachtet.
- Aktivitäten lösen Passivität ab.
- Prioritäten ändern sich.
- Geheime Fähigkeiten entwickeln sich.
- Neue Freiheiten werden genossen.

Der Wille zum Leben kommt überstark zurück. Zurückgezogenheit und Verweigerung gehören der Vergangenheit an. Ein neues Lebensgefühl hat den Trauernden erreicht und ergriffen. Er ist bereit, es auszuleben. Die Zeit der Trauer gehört zu wertvollen Erfahrungen der Vergangenheit. Wurde sie ausgelebt, werden neue Verlusterlebnisse nie wieder so hart und einschneidend sein.

Ein Geschehen, z. B. ein Todesfall, bewirkt einen Verzweiflungskreislauf. Schock und Protestverhalten und die Beherrschung in der Öffentlichkeit sind vorüber. Es bleibt Resignation, die zu Apathie und zu einem Gefühl grenzenloser Ohnmacht dem Schicksal gegenüber führt. Die Gedanken wandern zum Geschehen zurück, Ohnmacht, Apathie und Resignation – oft in

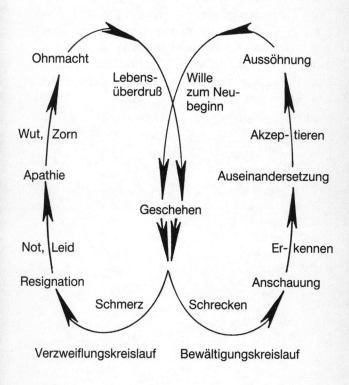

Die Verhaltensweisen, die in Kreisläufen gegen und für eine Überwindung von Verlusten arbeiten

wechselnder Reihenfolge – nehmen den ganzen Menschen gefangen. Der Verzweiflungskreislauf wird aus dem Unterbewußtsein bestimmt und immer wieder neu in Gang gesetzt.

Der Verstand erkennt das Geschehen ebenfalls. Er nimmt die Auseinandersetzung an, akzeptiert die Willkür eines Geschicks oder Schicksals; nur das kann zur Aussöhnung führen.

Die beiden Kreisläufe – Verzweiflung und Bewältigung – kämpfen nun miteinander, bis der Bewältigungskreislauf stärker wird und zuerst Schmerz und Leid, später Resignation, Apathie und das Ohnmachtsgefühl verdrängt. Die Basis für einen Neubeginn ist geschaffen.

Krankhafte Trauer und ihre Überwindung

Es gibt keine feste Regel, wann man die Art eines Menschen zu trauern als krankhaft bezeichnen sollte. Auf alle Fälle aber ist sie es, wenn aus dem Verhalten heraus die Gefahr einer dauernden körperlichen oder geistigen Schädigung entsteht. Dann gehört der oder die Trauernde in die Obhut und Behandlung eines erfahrenen Arztes.

Bitterkeit, Verzweiflung und Depressionen sind normal

Wir leben in einer Zeit, in der der kühle, überlegene, ohne viel Gemütsregungen handelnde Mensch eine Vorrangstellung hat. Er ist gesellschaftliches Leitbild und wird bewußt und unbewußt nachgeahmt. Auch bei der Bestattung gibt man sich unbeeindruckt. Pfarrer beschweren sich über Schwätzerei am Grab, über lautes Lachen, über ein Hinwegsetzen über die einfachsten menschlichen Gepflogenheiten. Sicher sind hier oft Verdrängungsmechanismen im Spiel; instinktiv weiß man, daß sich das Unbewußte melden wird, man versucht, es mit Lärm und lauten Reden zu überstimmen, es nicht zu Wort kommen zu lassen. Die Flucht in den Alkohol, exzessives Trinken ist oft die Folge einer derartigen Verdrängung.

Weil Trauer eine der tiefsten Regungen des Menschen ist, die sich mit dem Bewußten, dem Verstand nicht oder nur kurze Zeit beherrschen und zurückdrängen läßt, sind Bitterkeit, Verzweiflung und auch Depressionen nach Todesfällen normal. Sie gehören zum Trauerablauf, zur Trauerarbeit, zur Überwindung des Verlusts. Wenn sie ausbleiben, ist dies ein unnormaler Zustand. Verstand, Erziehung, Umwelt und andere Faktoren sind dann, wenigstens im Augenblick, stärker und drängen die Erscheinungen der Trauer zurück. Sicher mag das manchmal gelingen, ohne daß Schäden auftreten. Das Unbewußte des Menschen ist aber empfindlich, es vergißt nie. Oft treten Schäden erst nach einem weiteren Todesfall auf.

Man kann diese Formen der Spätschäden mit anderen »Benachteiligungen« und ihren Folgen vergleichen. Der Pädagoge kennt den Begriff der »Frustrationstoleranz«: Eine Frustration ist eine Benachteiligung, auf die der Betroffene mit Zorn, Wut, Aggression, Regression oder einer anderen Form des Fehlverhaltens reagiert. Es ist dabei völlig sekundär, ob die Gründe für diese Frustration tatsächlich vorhanden oder nur eingebildet sind. Jeder Trauernde fühlt sich verlassen und benachteiligt; oft hat er eine richtige Wut auf den

Toten, der ihn mit seinen Schwierigkeiten zurückließ. Verschiedene Personen reagieren auf Einflüsse, die zu einer Frustration führen, sehr unterschiedlich. Der eine braucht länger, der andere »explodiert« früher; sie haben eine unterschiedliche Frustrationstoleranz.
Jeder Mensch hat eine gewisse Toleranz, in der sein Unbewußtes sich vom Verstand her diktieren läßt, wie es zu reagieren hat. Wird diese Toleranz überschritten, rächt es sich mit Erkrankung. Wir wissen heute, daß Menschen, die ihren Zorn, ihre Wut und auch ihre Trauer hinausschreien können, viel weniger gefährdet sind als die, die alles in sich hineinfressen und dadurch Gesundheits- und Verhaltensschädigungen erleiden.

> **Ursachen, die das Ausleben von Trauer behindern**
> Wenn Trauer behindert wird, dauert sie länger und verläuft konfliktreicher, als wenn sie normal und ungestört abläuft. Um derartige Konflikte vermeiden zu können, muß folgendes beachtet werden:
> - Zwingende Existenzsorgen können bewirken, daß alle Kräfte auf die augenblicklichen, z. B. finanziellen Probleme konzentriert werden müssen. Ähnlich ist die Situation bei Katastrophen und kriegerischen Ereignissen. Weil es sehr schwer ist, die Trauer später nachzuholen, kann es zu ernsten Störungen kommen.
> - Die Angst, mit den sich auftürmenden Problemen nicht fertigwerden zu können, drängt die Gedanken von der Trauer weg zu nagender

- Sorge. Das kleinste Problem wird zur unüberwindbaren Barriere. Dabei werden die Trauerprobleme selbst verdrängt. Ohne Hilfe von außen ist es sehr schwer, diese Angst zu überwinden.
- Eine Häufung von Verlusten führt in der Regel nicht zu einer Abhärtung, sondern zu stärkerer Empfindlichkeit. Es müssen nicht Todesfälle sein: Der Verlust eines Freundes, des Arbeitsplatzes, des Wohnsitzes oder andere Veränderungen können als Additoren auftreten. Hier ist es schwer, das total verunsicherte Weltbild wieder aufzubauen.
- Gesellschaftliche Normen und die Erziehung zu deren Einhaltung können zur Ansicht führen, Todesfälle wie geschäftliche Rückschläge stoisch und unbeeindruckt zu überstehen. Es kann in Gruppen als schick gelten, unbeeindruckt und »cool« zu wirken. Weil sich das Unbewußte eine derartige Behandlung nicht gefallen läßt, kann es zu empfindlichen Spätschäden kommen.
- Starke Abwehrempfindungen gegen den Toten können zu einem Mangel an Trauergefühlen selbst bei nahen Verwandten führen. Überstarke, diktatorische Väter und Mütter, intrigante Geschwister können zu dem insgeheim gehaßten Kreis gehören. Aus dem eigenen Erschrecken über die Gefühlslosigkeit können störende, ja schädliche Schuldgefühle entstehen, die lange anhalten.

- Die Verleugnung des Todes und damit die Unfähigkeit der Loslösung kommt nicht nur bei im Krieg Vermißten vor, sondern auch in der heutigen Zeit. Krankheit während eines Todesfalls kann die Wahrnehmung des Ereignisses verhindern oder zumindest so trüben, daß die Realität des Todes nicht akzeptiert wird.
- Besonders nach Selbstmorden können die Schuldgefühle so stark werden, daß eine völlige Verdrängung der Trauer eintritt. Man verstößt einen Menschen innerlich, will nie mehr etwas mit ihm zu tun haben. Die Folgen sind Verhärtungen im Gemüt, die zu Verbitterung und Starrheit führen. Hilfe ist hier sehr schwer zu bringen.
- Die Unfähigkeit zur Trauer mag auf Veranlagung oder Erziehung zurückzuführen sein – auf jeden Fall gibt es Menschen, die eine derartige Haltung ein Leben lang durchhalten; andere brechen zusammen, wenn die Last übergroß ist.

Es gibt unendlich viele Verdrängungsmechanismen oder Ersatzhandlungen, mit denen Trauernde über Verluste hinwegkommen wollen. Der eine liest Tag und Nacht, der andere arbeitet ohne Unterlaß. Derartige Verhaltensweisen sind, wenn sie in normalem Umfang auftreten, zu begrüßen, weil sie die Situation für den Trauernden wie auch für die Umwelt erleichtern. Diese Ausweichreaktionen dürfen jedoch nicht zur Gewohnheit werden. Irgendwann, nach individuell verschiedenen

> Zeiträumen bis zu einem Jahr, sollte ein Neuanfang bzw. ein Anknüpfen an vor dem Todesfall liegende Zeiten erreicht sein.

Der fehlende Partner – die Änderung des Lebenskreises

Versetzen wir uns in die Rolle einer Witwe, eines Witwers, von Kindern oder von anderen Trauernden: Sie werden die Trauer und ihre Begleiterscheinungen sehr unterschiedlich erleben. Das hängt nicht nur vom Menschen, seinem Erlebnishintergrund, seiner Frustrationstoleranz und seiner allgemeinen Konstitution ab.
Das bestimmende Merkmal unserer Zeit ist die Angst, Angst z. B. vor dem Verlust der Geltung, des Vermögens, eines Familienangehörigen oder vor Krankheit und Siechtum. Mehr als jede andere Personengruppe sind die Trauernden von dieser Angst betroffen. Diese Ängste können Existenzängste sein, die sich bis zu Vernichtungsängsten steigern. Es fehlt die Person, die sich sorgte und für einen da war.

Im Irrgarten der Gefühle eine Neuorientierung finden

Verluste zerstören mit einem Schlag das Gleichgewicht der Gefühle. Trauer tritt bei den verschiedensten Verlusten auf; die Art der Trauer als tiefgreifende menschliche Erfahrung wird aber immer ähnlich bleiben. Sie wird zu Ablösungsschmerzen führen und das ganze Gemüt in Unruhe stürzen.

Trauer verursacht einen Zustand, der viel Ähnlichkeit mit Streß hat, der vor allem von Überlastung kommt. Es gibt aber auch den natürlichen Streß, der aus Anregungen heraus zu einer Stärkung des Organismus führt. Auch richtig ausgelebte Trauer bringt Menschen weiter, läßt sie verständiger und menschlicher reagieren. Trauer ist oft wie ein Feuerofen, aus dem verwandelte Personen zurückkommen. Zu starker Streß kann aber körperlich und seelisch krank machen und bei ständiger Steigerung der Belastung zu einem Zusammenbruch führen.

Die Verdrängung des Todes in der heutigen Gesellschaft steht gegen das natürliche Verlangen, Betroffenheit und Leid zu zeigen und nicht verbergen zu müssen. Zwiespalt im Fühlen kommt auf, Haß auf die Gesellschaft, die einerseits nicht von dem Verlust betroffen ist, zum anderen diesen zuließ und darüberhinaus jetzt unnatürliche Beherrschung verlangt.

Schock und Schreck müssen um so härter wirken, wenn man, wie in vielen Städten unserer Zeit, noch nie einen Toten gesehen hat. Wer noch nie den Tod als das Ende aller menschlichen Handlungsmöglichkeiten empfunden hat, der muß mit seinen Gefühlen ins Unreine und mit seiner Standfestigkeit ins Schwanken kommen.

Trauer wird durch Körpersprache ausgedrückt. Ein teilweise irrationales Verhalten zeigt unter Umständen an, daß Trauer krankhaft wird.

Die Rolle von Träumen im Trauergeschehen
Träume kommen aus dem Unbewußten. Sie helfen, das Erlebnis des Todes zu verarbeiten, eine neue Identität aufzubauen. Derartige Träume können sehr tröstlich sein, aber auch erschreckend. Oft sind sie nur schwer zu deuten, daher im folgenden einige Anhaltspunkte:
- Träume zeigen Vergangenheit, Jugend, Emotionalität, Vitalität und Sexualität, das gesamte Leben – und den Tod. Träume sind Spiegelbilder unserer Freuden und Erfahrungen, unserer Wünsche und Vorstellungen. Sie zeigen, was wir im Unbewußten empfinden.
- Eine gemeinsam verlebte Zeit wird niemals in unserem Gedächtnis gelöscht. Träume helfen, einen lieben Menschen wenigstens kurze Zeit wiederzufinden, die Suche nach ihm gerade in der Phase zu erleichtern, die zwischen dem Unverständnis dem Geschehen gegenüber und der Loslösung steht.
- Träumen und Aufwachen hilft, eine Distanz zu dem Verstorbenen zu schaffen. Wir müssen im Traum den Toten als innere Figur zu empfinden beginnen, bevor wir uns lösen können. Dies ist gerade dann wesentlich, wenn die Freunde aufhören mitzutrauern, die Einsamkeit kommt, man selber zurechtkommen muß.
- Träume können Anleitungen zum Trauern geben, vor allem, wenn die betreffende Person

> durch den Todesfall nahe an den Rand des eigenen Todes kommt. Die Traumbegegnung wird die Todessehnsucht mindern, den Verlust in einem anderen Rahmen sehen lassen.

Die Auseinandersetzung annehmen

Körperhaltung, Gewichtsverlust, Zeichen der Schlaflosigkeit, Erschöpfung, Nervosität, Konzentrationsunfähigkeit und Apathie – sind das schon Zeichen von krankhafter Trauer? »Lichte Momente« können zeigen, daß es ein Zurück gibt. Die betroffene Person kämpft mit sich selbst, ob sie in die Krankheit fliehen oder die Auseinandersetzung um ein Ende der Trauer, um einen Neubeginn, annehmen soll.
Besonders bei depressiven Stimmungen kommt es zu berechtigten oder unberechtigten Ängsten vor einem Nervenzusammenbruch. Auf der einen Seite empfindet man die Angst vor dem Verlieren in unmäßige Trauer, zum anderen sehnt man einen Zusammenbruch herbei, um sich selbst nicht mehr aufrecht halten zu müssen, sich in die Fürsorge anderer begeben zu können. Panikgefühle und oft die starke Einnahme von Schlafmitteln, Rauchen und Alkoholkonsum begleiten eine derartige Phase.
Ob nun die Flucht in die Krankheit gewählt oder der Weg zu einem Neubeginn beschritten wird – anfangs sind die Probleme einander ähnlich. Der Ausdruck wird ärmer, die Regungen verlangsamen sich, die Mi-

mik wird reduziert. Herzschmerzen, ein Gefühl des Wundseins und des Brennens führen zu Existenzangst und dem Gefühl, ausgeliefert zu sein. Das Sprechen wird schleppender, die betroffene Person glaubt, dem Toten bald nachfolgen zu müssen.
Eine tatsächliche Verschlechterung des Gesundheitszustands ist ein Zeichen dieses Zustands zwischen Flucht und Kampfannahme, zwischen dem Ausweichen und dem Willen, wieder schöne Zeiten erleben zu dürfen. Der Grat zwischen normaler Trauer und Krankheit ist schmal.

Schuldgefühle abbauen

Der trauernde Mensch wird auf vieles zornig: Der Urheber des Zorns kann das unbarmherzige Schicksal sein, das die Freundin, den Freund oder den Partner nahm. Es kann aber auch ein Zorn darüber sein, daß ein Sterbender so viel hat leiden müssen. Die eigene Hilflosigkeit, die Ohnmacht auch gegen die Folgen eines Todesfalls können Ziel von Zornausbrüchen sein.
Hinter jedem Zorn steckt Angst. Beim Tod eines Verwandten wird immer die eigene Sterblichkeit bewußt. Gegen den Tod rebellieren – das müssen gesunde Menschen, sonst müßten sie am Leben verzweifeln.
Letztlich jedoch kommt Zorn auf sich selbst auf, weil man so viel versäumt hat. Wer war nicht lieblos und eifersüchtig und nicht so, wie man sich Partner, Freund oder Freundin wünscht. Eines der größten Trauerprobleme ist das Schuldgefühl, das zu Zorn auf sich selbst führt.

Auch bei einer normalen Trauer werden Schuldgefühle wach; irgend etwas ist man schuldig geblieben und kann es nun unwiderruflich nicht mehr gutmachen. Vor allem sind es Auseinandersetzungen zwischen zwei Menschen, die ungeklärt blieben und zu Härte führten. Selbst einfache Verunsicherungen können nun großes Gewicht bekommen. Auch bei aufopferungsvoller Pflege kommt es durch die übermäßige Belastung zu Todeswünschen, zu einer zwanghaften Sehnsucht nach Veränderung, nach einem Ausweg. Sicher soll man hier an sich selbst keinen zu strengen Maßstab anlegen. Viel besser ist es, sich vorzunehmen, im weiteren Lebensablauf anderen das zu geben, was dem Toten vorenthalten wurde. Schuldgefühle dürfen nicht dazu führen, wieder schuldig zu werden: die Kinder zu vernachlässigen, die Freunde, die Bekannten, alle, die man mag und die liebevoll darauf warten, daß ihre Zuwendung erwidert wird. Soll man denn beim nächsten Todesfall erneut Schuldgefühle haben, immer wieder Wesentliches zu versäumen? Irgendwann muß man aus dem Teufelskreislauf ausbrechen!

Schuldgefühle und ihre Wirkung
Nicht nur bei einem schnellen Tod durch Unfall, auch nach langer Pflege und Krankheit treten bei den Hinterbliebenen Schuldgefühle auf. Sie können auch positive Wirkungen haben:
- Wer lieblos und hart zum Partner war, wird das bereuen. Oft führt diese Einsicht zu mehr Duldsamkeit und in einer zweiten Ehe zu mehr Toleranz.

- Geiz und Raffsucht haben dazu geführt, die Schönheiten des Lebens nicht mehr gemeinsam genießen zu können. Der überlebende Partner wird sich später mehr gönnen, das Leben besser genießen.
- Zeitknappheit verhinderte gute Gespräche und liebevolle Zuwendung. In einer neuen Beziehung wird man den Fehler vermeiden.
- Unerfüllte Wünsche wird man dem Toten nicht mehr erfüllen können. Warum sollte man nach dieser Erfahrung nicht großzügiger sein? Manches ist doch möglich.
- Mehr Fürsorge hätte vielleicht zur Verhinderung einer Krankheit oder zu Verhinderung eines Unfalls führen können. In Zukunft sollte man mehr für und an den anderen denken.
- Untreue tut weh. In wievielen Dingen sind wir im Geist und in der Tat untreu? Wer anderen Schmerzen zufügt, wird sie in Form von Schuld erleiden müssen, die nicht mehr vergeben werden kann.
- Unduldsamkeit gegenüber Kranken ist zwar verständlich, bringt die Pflege doch viel Arbeit. Warum aber dem Kranken dann gleich den Tod wünschen? Wenn er gekommen ist, bleibt das Schuldgefühl.

Die Beispiele könnten endlos fortgesetzt werden. Immer bleiben Tat und Schuld, die besonders drückend werden, wenn keine Vergebung mehr möglich ist.

Auch allein Krisen überwinden

So sehr eine Gemeinschaft nützlich sein kann und hilft – bei den wichtigsten Entscheidungen und Vorgängen im Leben ist der Mensch allein. So wird er auch in sich selbst allein die Trauer überwinden müssen.

Wir wissen, daß Trauerverdrängung zu langwierigen, unerklärlichen Depressionen führen kann, die durch irgendeinen Auslöser, eine Erinnerung wieder aufflackern. Trauervorgänge sind sehr weitgehend dem Bewußtsein entzogen und vom Unbewußten gesteuert. Die Melancholie muß aber nach einer angemessenen Zeit von spätestens einem Jahr verschwinden.

Nur der Einzelne selbst kann sich prüfen, ob er die unbewältigten Probleme allein oder nur mit Hilfe von anderen bewältigen kann. Es ist ein Zeichen von Gesundung und Wiederfinden eines neuen Anfangs, wenn man über derartige Fragen nachzudenken beginnt.

Die Flucht in die Geschäftigkeit, oft als Allheilmittel bei Sorgen empfohlen, hat ihre Tücken. Psychosomatische Beschwerden, z. B. Herzflattern, können mit durch Geschäftigkeit verdrängter Trauer zusammenhängen. Vielleicht hängt das alles damit zusammen, daß wir von der Erziehung her keine Vorstellung mehr davon haben, was wir innerhalb einer Trauerzeit dürfen und was nicht.

Der Trauernde ist ein Suchender nach einer Lösung; er wird sie um so leichter finden, je mehr er seine Emotionen äußern kann, je weniger man ihn drängt, das oft unsinnig erscheinende Suchen aufzugeben. Man muß z. B. erzählen können, Phantasien loswerden,

wenn man an den Tod nicht glaubt, sinnieren, wo der Verstorbene sein könnte. Nur so ist eine Loslösung möglich.
Der Tote muß ein innerer Begleiter werden, wandlungsfähig, Freund in allen Lebenslagen. Er darf sich wie der Trauernde verändern, kann eine Art zweite Persönlichkeit sein. Oft ist das der erste Schritt zu einem neuen Weltbezug und zu der Annahme eines neuen Lebensmusters.

Zorn und Wut sind Teil der Trauerarbeit

Trauern heißt leiden, aber auch sich aufbäumen gegen das Schicksal. Trotz der Überwältigung durch den Schmerz kommt es zu Agressionen, zu Zorn- und Wutausbrüchen. Sie zeigen – ausgelebt – nicht nur einen gesunden Geist und einen widerstandsfähigen Körper, sondern sie helfen auch, Depressionen zu überwinden:

- Der aufbegehrende Zorn richtet sich gegen Gott und das Schicksal, das erbarmungslos einen Verlust zufügte. Für die Tatsache des Todes wird ein Ersatzschuldiger gefunden, der allgemein und nicht faßbar ist.
- Der auf sich selbst gerichtete Zorn soll die Schuldgefühle niederhalten, die aus vorangegangener Lieblosigkeit, aus Geiz und Nichterfüllung von Wünschen, aus mangelnder Fürsorge und Untreue stammen.
- Der Zorn auf den Verursacher des Todes kann Ärzte und Helfer betreffen, aber auch den Toten selbst, der z. B. trotz aller Ratschläge nicht zum Arzt ging.

- Der Zorn auf den Toten kann allgemeiner Art sein: Es ist niemand mehr da, der sorgt und sich um die finanziellen Dinge kümmert, den Lebensunterhalt sichert, das Geld verdient.
- Der Zorn auf die kommende Unsicherheit, auf alle Beteiligten, die Miterben, die weniger trauernden Personen, ja auf jeden, der glücklich ist, wird nicht weniger gravierend.

Austrauern und Neuanfang

Was bedeutet »Austrauern«? Sehen wir zurück zu den Stufen, die der Mensch bei Verlustreaktionen durchschreiten muß: Kaum ist der Schock überwunden, steckt er im Handlungszwang – die Beerdigung muß überstanden werden. Erst dann kommt das emotionale Begreifen, die Trennung vom Toten. Erst nach der Loslösung ist ein Neubeginn möglich.

Das Austrauern beginnt nach dem Begreifen der Situation, der Trennung und Loslösung; es führt zum Neubeginn. Mögen immer wieder Rückfälle kommen – der Neubeginn ist eine Umkehrung des Sturzes in die tiefe Trauer, nur erfolgt er langsamer, behutsamer, schrittweise, nicht so ungestüm und schnell.

Sehen wir uns die Schritte an, die zu gehen sind:
- Ein Todeserlebnis hat uns zweifeln lassen an allem, was selbstverständlich war. Das Urvertrauen war zerbrochen; nun wird es Schritt für Schritt wiedergewonnen.

- Wir sind mit einem Menschen gestorben; tiefe Traurigkeit und Finsternis hat uns umgeben. Nun dringt das Licht wieder durch, das Leben verlangt sein Recht.
- Unsere physische und psychische Verfassung war so gestört, daß Gespräche fast unmöglich waren, eine Lösung von Problemen ausgeschlossen. Nun kommt der Verstand wieder, messerscharf und klar – welches Glück, wieder selbst entscheiden zu können.
- Die Freunde mieden den Trauernden in seiner oft unverständlichen Haltung – nun kommen sie wieder. Es soll alles so sein, wie es einmal war – nur einer wird fehlen.
- Die Beschäftigung mit dem Verlust hat die ganze Lebenskraft benötigt; sie reichte nicht mehr für etwas anderes. Nun kann man wieder auf Menschen zugehen, Wärme empfinden und geben.
- Trauernde verstehen ihr Schicksal nicht mehr. Sie wollen keine menschliche Bindung mehr eingehen – aus der Angst heraus, einen Verlust nicht noch einmal durchstehen zu können. Nun kommt das Lebensgefühl wieder, kraftvoll und fordernd, die Bindungsfähigkeit nimmt Tag für Tag zu.
- Trauer kann eine Persönlichkeit geradezu zersplittern, die Einheit der Person zerstören; sie läßt sich überwältigen von Sinnlosigkeit, Angst und Wut. Das ist nun überwunden.
- Der Ausgestoßene, der sich nur mit der Vergangenheit beschäftigte, kommt zurück: Er schafft sich eine neue Ordnung für ein besseres, ein neues Weiterleben.

Trauer ist etwas Wesentliches, das den Menschen formt. Austrauern muß uns stabiler, beständiger, sicherer gegen neue Verlusterlebnisse werden lassen, nicht empfindlicher und anfälliger. Abschiednehmen gehört zu unserem Leben, ist ein wesentlicher Teil davon. Diese Grenzsituationen gehören wesensmäßig zu uns, wir dürfen daran nicht erkranken, sondern sollen erstarken.

Der gesamte Umfang der Trauerarbeit
Wer nur die fünf Phasen von Verlustreaktionen – *Schock, Handlungszwang, emotionales Begreifen, Trennung und Neubeginn* – bei der Trauerarbeit beachtet, hat wesentliche Randbereiche übersehen, die oft gravierend in das Geschehen eingreifen:
- das gesamte soziale Umfeld, das Trauer erschweren oder helfen kann, sie zu überwinden
- die persönliche Empfindlichkeit gegen Verlustreaktionen, die sehr unterschiedliche Formen haben kann
- den Ablauf und die Intensität der einzelnen Trauerphasen sowie deren verschiedene Länge
- Wirkungen aus der vorweggenommenen Trauer, wie sie bei langen Krankheiten und Pflege auftreten kann
- Erschwernisse aus Behinderungen und krankhafter Trauer mit zusätzlichen Problemen
- die im Menschen und seinem Innersten steckenden, unterschiedlichsten Widerstandskräfte
- die Zwänge der Gesellschaft, sich Riten, Sitten und Gebräuchen anzupassen

- die finanziellen und emotionalen Probleme eines Statusübergangs mit anderen Rechten und Pflichten
- die Qualifikation der Helfer, seien es nun Pfarrer, Ärzte, Bestatter oder Familienangehörige
- die Kenntnis und Nutzung der Bewältigungsmechanismen auf dem Weg zu einem Neuanfang
- die regressiven oder aggressiven Regungen auf dem Weg zum Verstehen des Geschehens
- die Überwindung von Schuldgefühlen mit und ohne wirklichen Hintergrund
- das zu starke Festhalten am Toten ohne echte Loslösungsmöglichkeiten
- das Unvermögen, einen Ersatz für Verlorenes zu finden (oft durch zu hohe Ansprüche entstanden)
- die überzogenen Wertvorstellungen und Rangreihen der Beziehungen

Erst wenn die meisten dieser Einflüsse überwunden sind, wenn ein der Realität angepaßtes Umweltbild Überhand erhält, glückt der Neuanfang wirklich und bringt ein erfülltes Leben.

Training zum Überleben nach Verlusten

Wie schön wäre es, wenn man ein Trainingsprogramm zum Überleben nach Verlusten aufstellen könnte, das allen Menschen hilft, durch Trauer reifer und wertvoller, verständiger und gelassener zu werden! Wie aber soll man einem Menschen, der im Schock steht und kaum ansprechbar ist, ein Trainingsprogramm nahebringen? Trotz aller Probleme sollte man sich darüber klar werden, daß mit einem Konzept, einem Trainingsplan viel erreicht werden kann. Er könnte etwa so aussehen:

1. Jeder sollte – lange vor dem Trauerereignis – verstandesmäßig die menschlichen Reaktionen auf Verlusterlebnisse kennen und beurteilen, seine eigenen Verhaltensweisen erforschen.
2. Die Phasen der Verlustreaktionen mit Schock, Handlungszwang, emotionalem Begreifen, Trennung und Neubeginn muß man akzeptieren und im Detail erfassen.
3. Trauerrituale enthalten jahrtausendealte Erfahrungen, wie man mit Trauer und Leid umgeht. Man kann sie beobachten, auf Begräbnisse gehen, sich mit dem Tod beschäftigen.
4. Solange man gesund ist, sollte man sich die Formen einer krankhaften Trauer vor Augen führen. Es gilt zu begreifen, daß man einen derartigen Weg nicht gehen kann; das Unbewußte wird alles speichern.
5. Jeder sollte mehr davon wissen, wie man anderen Menschen in Trauer helfen kann und wie Trost zu bringen ist – nicht nur in der seelischen Aufrichtung, sondern auch bei handfesten Existenzsicherungsproblemen.
6. Die Tröstungen der Religion, Gedanken zu Tod und Leben bereiten vor, zeigen Zusammenhänge auf, lassen sicherer werden. Was andere schafften, schafft man auch.

7. Wir sprechen immer nur von der seelischen Not des Trauernden; die wirtschaftliche Existenz ist genauso wesentlich. So besteht die Hilfe für einen Trauernden, soll sie ernsthaft wirksam sein, aus drei Bereichen: dem seelischen Trost, der Abschirmung während der Selbstfindungszeit sowie der wirtschaftlichen Sicherung danach.

Die Trauer von Kindern

Kinder erleben in den ersten Entwicklungsjahren den Tod als »Wegsein«, als eine Art von Schlaf, aber schon mit vier bis fünf Jahren begreifen sie, daß etwas Außerordentliches passiert ist.

Andere Verlusterlebnisse und Trauer sind schon viel früher zu beobachten: Das Kind trauert, es versucht, mit dem Verlust fertigzuwerden. Es leidet Not, gleich, ob es sich um eine kaputte Puppe, ein liebes Tier oder um den Tod eines Menschen handelt.

Ob nun die Fähigkeit zum Trauern angeboren ist oder anerzogen wird – sie gehört zum Entwicklungsprozeß des Menschen. Kinder brauchen Hilfe, wann immer neue, erregende Erlebnisse auf sie einstürmen; die Begegnung mit dem Tod ist eines der einschneidensten und tiefgreifendsten. Um so schlimmer ist es dann, wenn die Bezugspersonen, erstarrt in der eigenen Trauer, keine Hilfestellung leisten können.

Wie Kinder den Tod empfinden

Die Empfindungen der Kinder dem Tod gegenüber ändern sich entsprechend der Entwicklung in Schritten, die wie in anderen Altersstufen, z. B. Trotzperioden, Satellitenstadium, Traum- Wirklichkeitsbereich, Vorpubertät und Pubertät, gegliedert sind und zur Adoleszenz hinüberführen. Zu beobachten ist:

1. Kinder vor oder in der ersten Trotzperiode, mit drei bis vier Jahren, empfinden den Tod als einen vorübergehenden Zustand des Schlafens, des Weggehens. Trotz der Allmachtvorstellung des Kindes werden Trennungsängste ausgelöst.
2. Im Alter von vier bis fünf Jahren wird der Tod als ein Zustand begriffen, der Tieren oder anderen Menschen zustoßen kann. Bedeutung und persönliche Wirkungen werden noch nicht voll begriffen, oft glaubt man an eine Rückkehr.
3. Die Furcht vor dem Tod tritt im Alter von fünf bis sechs Jahren auf, die Unbefangenheit schwindet. Wunschphantasien sind nicht selten. Mit Schrecken wird erkannt, daß der Körper des Menschen zerfällt und letztlich nichts vom Menschen bleibt.
4. Je nach Reife wird im Alter von sechs bis zehn Jahren der Tod realistischer gesehen, aber als unakzeptabel und unannehmbar abgelehnt. Das Interesse wendet sich der Unsterblichkeit zu, sei es in Form von Wiedergeburt oder von Auferstehung.
5. Mit zehn bis zwölf Jahren erreicht die Denkfähigkeit in realistischen Bereichen einen Höhepunkt, der oft in Trotz und Abwehr endet. Es wird klar er-

kannt, daß der Tod jeden treffen kann; die Religiosität kann einen Höhepunkt erreichen.
6. Mit der beginnenden Pubertät im Alter von 13 bis 14 Jahren sind die Augenblicksprobleme der Entwicklung so groß, daß der Gedanke an Alter, Krankheit und Tod weit abgedrängt wird. Das Kind hat so viele Sorgen, daß für die Trauer keine Reserven bleiben.
7. In der Pubertät selbst fordert das Leben ungestüm sein Recht. Ein Beruf muß erlernt, die Loslösung vom Elternhaus erreicht werden. Für Zuneigung offen, reagieren Jugendliche dieses Alters mit Unverständnis, oft auch mit Spott auf Trauer und Tod.
8. Mit der beginnenden Adoleszenz im Alter von rund 18 Jahren sieht man Tod und Trauer wieder realistischer, wenn auch das Empfinden des Jugendlichen nur selten tief ist.

Der Ablauf der Reaktionen nach der Altersstufe kann natürlich nach beiden Seiten durchbrochen werden. Ausschlaggebend sind die Umstände und das Ausmaß des Verlustes. Vor allem aufkommende Schuldgefühle können Komplikationen bis zu ernster Erkrankung bringen. Kinder empfinden sicher den Tod anders als Erwachsene; das bedeutet jedoch nicht, daß diese Empfindung nicht bis tief in das Unbewußte reicht. Das gilt besonders dann, wenn sie scheinbar unberührt sind und ihre Betroffenheit durch Lärm, unangebrachtes Verhalten und andere Reaktionen zu überspielen suchen.

Begegnung mit dem Tod

In unserer Gesellschaft wird der Tod allgemein so weit wie nur möglich verdrängt. Warum sollte es bei Kindern anders sein? Man verwehrt Kindern Einblick und Auskunft; es erscheint peinlich, Antwort besonders in diesen Frage geben zu müssen.
Wenn eine Katze überfahren worden ist und tot am Straßenrand liegt, so wird sie erst einmal die kindliche Neugierde wecken. Die Situation ist neu – das Kind will die Wirklichkeit verstehen und erklärt bekommen, was da passiert ist. Es will nicht weggezerrt und mit Ausflüchten abgespeist werden: Erst dann wird es die Situation als unheimlich empfinden.
Soll man das Kind beschützen und der Wirklichkeit ausweichen wollen? Dem kindlichen Forschungsdrang wird es nicht entgehen, daß das Wesen zerstört und starr ist, seine Gestalt verfällt und, wenn es in dem Lebenskreis zuhause war, nur noch in der Erinnerung weiterexistieren wird. Für das Kind wird sich die Frage stellen, ob dieser Zustand denn alles ist, oder ob so etwas wie eine Seele außerhalb der oft nur kurze Zeit andauernden Erinnerung bleibt. Ohne Erklärungen und Hilfe wird das Kind glauben müssen, daß der Tod ein Fall in das Nichts, ein endgültiges Vergehen ist.
Kinder beobachten auch in den ersten Jahren erstaunlich gut und ziehen unbewußt Schlüsse, die als Ahnungen zu erkennen sind. Sie sehen, wie die Blätter fallen, wie der Winter kommt und wieder geht, daß auf den Abschied ein neues Werden folgt. Der Erwachsene hat das oft genug erlebt, um sicher zu sein, daß diese Abfolge wieder kommt und wieder kommen wird; dem

Kind ist das noch nicht so sicher. Es merkt aber, daß es größer wird, daß jede Lebensstufe das Vergehen der vorhergehenden bedingt. Sicher erkennen Kinder derartige Zusammenhänge nicht bewußt; die Reaktionen des Trotzalters zeigen aber sehr deutlich, daß sie unbewußt erfaßt werden.

Jugend ist auf Dauer angelegt – der Tod ist sehr weit weg. Trotzdem wird das zehnjährige Kind nun klar erkennen, daß die Lebensspirale deutliche Abschnitte bringt. Wenn nun ein Kind dem Tod begegnet und ihn zu begreifen beginnt, wird es über die Folgen auch des eigenen Todes nachdenken. Es erlebt die Trauer der Menschen und wird sich vorstellen, wie das ist, wenn die Eltern am Grabe des Kindes stehen. Es wird sich vorstellen, wie sehr sie leiden und wie sehr sie die Ungerechtigkeiten einsehen, die sie dem Kind angetan haben. Bereits bei der Verwehrung von kleinen Wünschen kommen diese »Bestrafungsphantasien« mehr und mehr zur Geltung.

Es ist eine sonderbare Mischung aus Trotz, Selbstmitleid, Bestrafungswunsch, Angst und Todessehnsucht, die hier zum Vorschein kommt. Hat das Kind zusätzliche Probleme, altersbedingt oder Streit mit Freunden und Freundinnen, können aus diesen ersten Begegnungen mit dem Tod große Gefahren erwachsen.

Wissen und Ängste erwachen

Man glaubt, daß das Gewissen und das Rechtsgefühl dem Menschen anerzogen werden; ob die Vererbung doch wesentliche Einflüsse bringt, darüber ist man sich nicht einig. Wie dem auch sei: Im Alter von rund sieben Jahren ist eine bedeutsame Reifung des Gewissens zu beobachten. Die Kinder bekommen eine größere Bewegungsfreiheit und sind mehr sich selbst verantwortlich. Das größer werdende Wissen, die schärfere Beobachtungsgabe läßt Kinder erkennen, daß es nicht nur Schlaf mit Erwachen, sondern auch endgültige Abschiede gibt. Wissen führt zu Ängsten; Ängste von Kindern können durch Verständnis, durch Gespräche gemildert werden.

Ein Kind hat ein Anrecht auf eine zwar vorsichtige, aber doch vollständige Antwort auf seine drängenden Fragen. Jedes Kind ist zuweilen auf die Eltern trotzig, zornig und aggressiv; wenn es wesentliche Fragen nicht beantwortet bekommt, wird es sie langsam ablehnender behandeln.

Kinder nehmen den Glauben um die Auferstehung gern an, sehen sie doch jeden Tag an den Geschwistern und sich selbst, daß der Schlaf Müdigkeit und Probleme verscheuchen kann, am Morgen ein neuer Anfang da ist. Aus einem Versinken in einen für Kinder noch schwer erklärlichen Zustand entsteht ein Neubeginn. Aus diesem Glauben heraus ist es möglich, Kindern einen Unfalltod zu erklären. Die Darstellung muß aber wirklichkeitsnah sein, um unklare Ängste und Vorstellungen erst gar nicht aufkommen zu lassen. Sicher hat das Kind schon eigene Vorstellungen; man wird sich an diese herantasten und sie, wenn nötig, vorsichtig korrigieren und ergänzen.

Ab etwa sieben Jahren sollte man das Kind – wenn es will – auf eine Beerdigung mitnehmen und alle Fragen, auch während des Begräbnisses, beantworten.

Wird das nicht rechtzeitig getan, wird das Kind Begräbnissen von ferne folgen und sich so seine Gedanken aufbauen. Weil die Erklärungen fehlen, können dann Ängste aufkommen.

Schwierigkeiten des Begreifens

Auch die beste Erklärung wird dem Kind nicht alle drängenden Fragen beantworten können, sind doch auch viele Fragen für den Erwachsenen offen. Manches ist mit dem Verstand nur unvollständig zu erfassen. Der Erwachsene kämpft selbst nach einem Todesfall um Fassung; die eigenen Ängste und die Betroffenheit verhindern das Gespräch mit dem Kind. Es ist hilflos, alleingelassen, begreift das Geschehen im Hause und auf dem Friedhof nur zum Teil oder gar nicht. Die kindlichen Reaktionen darauf sind sehr unterschiedlich; sie reichen von der ernsthaften Erkrankung mit körperlichen Symptomen bis zu aggressivem Verhalten, zu Trotz und Aufsässigkeit. Kinder können Ängste nicht so gut in Worte fassen wie Erwachsene.
Je weniger Erleben einen Menschen geprägt hat, je weniger Erfahrungen und Reife vorhanden sind, um so härter wird ihn Trauer treffen. Wie sehr muß erst ein Kind getroffen sein, wenn Vater, Mutter oder Geschwister sterben, wenn die Trauer den erwachsenen, gereiften Menschen an den Rand seiner Leidensfähigkeit bringt.

Reaktionen von Kindern bei Verlusten
Zu den vielfältigen möglichen Reaktionen gehören:
- Erschrecken vor dem Unbekannten, Neuen und Unheimlichen
- Ängste vor der Starrheit des Toten und den Reaktionen der Erwachsenen
- Verzweiflung, nach dem Tod der Mutter oder des Geschwisters allein zu sein
- Ärger und Zorn darüber, alleingelassen zu sein
- Existenzzweifel und Angst vor innerer und äußerer Not
- Schuldgefühle und Reue wegen des eigenen lieblosen Verhaltens
- Erinnerungen an erlittene Ungerechtigkeiten
- Angst vor der Vergeltung eigenen bösen Tuns
- Selbstbestrafungsneigungen aus Unzufriedenheit mit sich selbst
- Todesangst, weil die Endlichkeit des Lebens erkannt wird.

Zwar kann eine rechtzeitige Vorbereitung, werden Gespräche über Krankheit und Tod mehr Verständnis bringen; sie können aber diese überwältigenden und widersprechenden Gefühle kaum aufhalten. Sie überströmen das Kind wie eine Flutwelle. Bleiben die Bezugspersonen in der eigenen Erstarrung nach einem Todesfall und können sie dem Kind keine Hilfe geben, wird es oft nach vielen Jahren zu Störungen und unbewußten Ängsten kommen.

Kinder erleben Trauerphasen intensiver

Ist die Trauer von Kindern wesentlich anders als die von Erwachsenen? Kinder wollen die ihnen zur Verfügung stehende Zeit intensiver nutzen als Erwachsene, sinnvoller aus ihrer Sicht. Was sie als sinnvoll empfinden, unterscheidet sich meist stark von dem Bild, das Erwachsene davon haben. Sie unterliegen besonders in der Pubertät Stimmungsschwankungen. Sie erkennen, daß sie vieles falsch machen, andere nicht so behandeln, wie sie selbst behandelt werden wollen. Es kommt die Reue, oft auch der Versuch der Wiedergutmachung.
Kinder und Jugendliche sind in einer Zeit des Werdens, in einer mehr oder weniger stürmischen Entwicklung. In diese alles in allem optimistischste Phase des jungen Lebens platzt der Tod und läßt erkennen, daß es auch ein unwiderrufliches Ende gibt. Alles wird intensiver erlebt als beim Erwachsenen: die Stufen des Schocks, des emotionalen Begreifens, der Trennung von Menschen, von Bindungen, von Verhalten. Bisher konnte man alles wieder arrangieren, Ärger beseitigen, Zuneigung geben und gewinnen. Der Tod aber ist unwiderruflich. Diese Erkenntnis bestürzt, wie auch die, daß das fremde Gefühl der Trauer den Menschen, das Kind und den Erwachsenen, überwältigen kann – so sehr, daß Menschen erstarren und die eigenen Kinder in ihrer Not einsam zurücklassen: Zum unverständlichen Geschehen des Todes kommt das unverständliche Verhalten der Bezugspersonen in ihrer Trauer.

Unsicherheiten und Verluste ertragen lernen

Von besonderer Bedeutung im Leben eines Kindes ist die Bezugsperson, von der es Liebe und Zuneigung empfängt. Normalerweise reicht dabei die Spanne über drei Generationen; – oft ist die geliebte Großmutter dem Kind sogar näher als die Mutter, die im Beruf steht.

Sehr oft kann diese ältere Generation besser und geduldiger Fragen beantworten, die um Verluste, Unsicherheiten und Tod kreisen. Das mag auf den ersten Blick verwundern, ist doch das Leben des Kindes scheinbar nur auf die Zukunft und eine schier unendliche Lebensdauer angelegt, während das der alten Menschen sich dem Ende zuneigt und diese das nicht nur begreifen, sondern auch akzeptieren. Gerade diese »Weisheit des Alters« aber ist es, die Kindern hilft, auch schwierige Zusammenhänge zu verstehen. Kinder haben Träume und Phantasien, die Menschen im nüchternen mittleren Alter stören. Das Alter lächelt über den Ungestüm und die Neugier von Kindern, nimmt sich Zeit zu Erklärungen und – wesentlich – ist auch fähig dazu.

Gefahren, die bekannt sind, verlieren ihren Schrecken. Ähnlich ist es mit dem Tod: Das Kind muß die Bedrohung kennen, doch die Überzeugung behalten, daß es schon gutgehen wird: Unter rund 1000 Menschen erwischt der Tod in einem Jahr nur etwa 11, warum soll dann gerade ich dabei sein?

Es soll über alles gesprochen werden, auch über Dinge, die in den hiesigen Religionen tabu sind. Dazu gehört die Wiedergeburt: Warum soll es für ein Kind nicht tröstlich sein, als ein liebes oder mächtiges Tier oder als eine Pflanze, ein Baum mit breiter Krone, wiedergeboren zu werden?

> **Zehn Chancen, Kindern nach dem Tod von Bezugspersonen zu helfen**
> Weil Kinder beim Tod von Bezugspersonen mehr als Heranwachsende und Ältere leiden, sollte jeder ein Konzept haben, an dem er sich auch in der eigenen Trauer orientiert. Es könnte folgendermaßen aussehen:
> - Kinder brauchen eine verstärkte, ruhige Zuwendung, ohne daß zwingend vom Verlust gesprochen wird.
> - Der Tagesablauf ist sinnvoll zu füllen, mit leichter Tätigkeit oder Spiel mit anderen Kindern.
> - Ein vertrauter Erwachsener muß einfach dabeisein und zu einem Gespräch bereit sein, wenn es sich ergibt.
> - Geschwister sind auf keinen Fall zu trennen, sie müssen sich aneinander festhalten können.
> - Neue Interessenfelder sind anzubieten, um abzulenken und zu einem Neuanfang hinzuführen.
> - Jüngere Kinder als Freunde aktivieren die Beschützerrolle und lenken von eigener Not ab.
> - Geduld und Einfühlungsvermögen helfen, sich Zeit zu lassen und nicht zu früh in die Innenwelt des Kindes einzudringen.
> - Eine Ablenkung durch bloße Betriebsamkeit soll unterbleiben; Tätigkeiten sollen zweckvoll sein.

- Eine sachliche Klärung der Zukunft verhindert Ängste und dämpft die Verzweiflung.
- Die besonderen Probleme der Altersstufe sind zu erkennen und in ihren negativen Formen nicht zu ernst zu nehmen.

Kinder und der Tod naher Verwandter

Der Tod der Mutter, des Vaters oder einer anderen nahen Bezugsperson kann, tritt beim Kind kein »Austrauern« auf, zu schweren Störungen im späteren Leben und den Beziehungen zu anderen Menschen führen. Am gravierendsten ist immer der Tod der weiblichen Bezugsperson, mag das nun die Mutter oder die Großmutter sein. Bei einem frühen Tod wird wohl immer eine unerfüllte Sehnsucht nach wärmender Liebe entstehen, die niemand, auch nicht ein noch so fürsorglicher Gatte, erfüllen kann. Männer können weniger gut Gefühle in der Sprache ausdrücken, was sie oft unnahbar erscheinen läßt; Kinder empfinden das stark – zur »Versorgung« gehören eben Körper und Seele.
Bei der Wiederverheiratung – gleich ob von Mann oder Frau – werden für das Kind Loyalitätsprobleme auftreten, ähnlich wie das bei einer Scheidung der Fall ist – wie gut, wenn dann ein Geschwister da ist, mit dem man zusammen klagen und weinen kann.
Für Kinder ist es sicher gut, wenn sie zum ersten Mal

den Tod, der nach einem erfüllten Leben voller Mühe, Arbeit und Sorgen einen alten Menschen holt, erleben. Sie spüren, wie die Schritte gegangen werden, die zur Zustimmung führen. Der Kummer ist dann nicht so groß, als wenn der Tod einen jungen Menschen aus dem Leben reißt und die Familie unversorgt zurückläßt. Der Tod bedeutet hier auseinanderzugehen, ohne daß richtig Abschied genommen worden ist.

Der Tod naher Verwandter ist immer ein einschneidendes Ereignis. Es ist deshalb besser, wenn das Kind vorher Erfahrungen mit dem Tod, dem Begräbnis und vor allem dem Sterben selbst gemacht hat, ohne daß die emotionale Seite zu großes Gewicht erhält. Wenn der Tod »zur Zeit« kam, liegt über den Gesichtern der Toten ein erstaunlicher Friede, ein Abgeklärtsein. Man steht davor und kann sich von diesem Bild nicht losreißen. Dort sollte ein Kind die ersten Erfahrungen sammeln, die es mit dem Tod macht. Es soll ihn nicht allein als Vernichter empfinden, sondern auch als Erlöser. Ein entstellter, ausgemergelter Toter wird eine Schreckenserinnerung bleiben; die Grausamkeit des Todes wird dort zu offensichtlich, zu hart.

Wenn Geschwister sterben, kommen wohl die größten Ängste auf. Zum Tod der Schwester oder des Bruders kommt noch hinzu, daß die Eltern nicht mehr die Freude an den anderen Kindern empfinden können, sondern nur den Schmerz um das verlorene Kind. Oft stellen sich auch nagende Schuldgefühle ein, nicht immer lieb zu seinem Geschwister gewesen zu sein. Das gilt besonders dann, wenn Kinder im Krankenhaus sterben. Wieviel besser ist es, wenn das Kind daheim sterben kann und die Geschwister Abschied nehmen

können. Es bleibt dann nicht nur Zeit, Abschied zu nehmen, sondern auch den Haß abzubauen, die Ungerechtigkeit auszugleichen. Man wird in Frieden auseinandergehen können.
Es gibt Eltern, die jahrelang um ein verlorenes Kind trauern und nicht merken, daß sich die verbleibenden nach ihrer Zuwendung sehnen. Ein Kind soll und darf nicht die Aufgaben eines anderen, eines toten Kindes übernehmen. Es soll eine unverwechselbare Persönlichkeit sein, die um seiner selbst willen geliebt wird. Deshalb sind die überlebenden Kinder auch vor jeder Überlastung zu schützen, vor einer jeden Überforderung und Ausbeutung.

Verstehen lernen

Jeder sollte verstehen und helfen lernen, bevor eine Katastrophe eingetreten ist. Die härteste aller Strafen ist der Verlust eines Menschen durch Selbstmord, besonders wenn es ein Kind oder ein Jugendlicher ist; diese Altersgruppen sind hierfür besonders anfällig. Die Schuldgefühle werden ein Leben lang nicht mehr verschwinden. Dabei ist es dann sekundär, was die Ursache war. Es kann Überfürsorglichkeit sein, die das Kind verunsichert hat, oder es waren Lieblosigkeit und selbstzufriedene Ahnungslosigkeit. Es können aber auch Zerwürfnisse, Lebenslügen, Sinnentleerungen sein, hohle Fassaden, die beim Zusammenstürzen Menschen mitreißen. Wie lernt man aber verstehen, helfen, Krisen erkennen und zu überwinden? Einige Ratschläge:

- Beantworten Sie jede Frage eines Kindes offen, ehrlich und mit der nötigen Zeit.
- Weichen Sie nie der Frage nach dem Tod aus, vertrösten Sie nicht, sondern erklären Sie, auch wenn es schwerfällt.
- Bauen Sie nie Ängste auf, sondern versuchen Sie, Ängste und Unverständnis abzubauen, indem Zusammenhänge (z. B. biologischer Art) aufgezeigt werden.
- Lassen Sie sich von Märchen helfen, die die Lebensweisheit von Jahrhunderten enthalten, wie Kinder mit Tod und Leben bekannt werden.
- Zeigen Sie Gefahren, Not und Traurigkeit auf, erklären Sie, woher sie kommen, aber verlieren Sie nie das optimistische Denken.
- Verhalten Sie sich lebensbejahend und zeigen Sie das, auch wenn Sie gerade vom Tod in seinen grausamen Formen sprechen.
- Bereiten Sie Kinder rechtzeitig und behutsam auf den Tod eines Menschen in der Familie vor.
- Gehen Sie mit den Kindern auf ein Begräbnis, auf den Friedhof; zeigen Sie alles und erklären Sie alles.
- Geben Sie Hilfe und Fürsorge, wo Sie können, auch wenn der eigene Schmerz noch so bedrückend ist.
- Beruhigen Sie, lassen Sie Schuldgefühle gegen einen Verstorbenen zum Ausbruch kommen und zeigen Sie, daß alles nicht so schlimm ist.
- Vermitteln Sie den Kindern Freude, wecken Sie neue Interessen und lassen Sie alte neu aufleben.
- Wenn es ganz schlimm ist, sorgen Sie für eine Ortsveränderung, möglichst mit Freunden und Freundinnen!

- Scheuen Sie sich nicht, fachliche Hilfe bei einem erfahrenen Arzt zu suchen, hüten Sie sich aber vor zu vielen Medikamenten.
- Lassen Sie Kinder miteinander reden, tollen, spielen; es wird für Stunden der Schmerz vergehen.
- Sie wissen, daß auf Regen Sonne folgt; Kinder sind da nicht so sicher. Zeigen Sie es ihnen!
- Sprechen Sie auch mal über Gefühle, Ängste, sinnvolle und sinnlose Gedanken; trösten Sie sich auch gegenseitig!
- Verhindern Sie, daß ein Kind zum Außenseiter wird und die Freude an anderen Menschen verliert.
- Hören Sie geduldig zu und lernen Sie, die Welt des Kindes zu verstehen, dann werden Sie ihm besser helfen können.
- Zeigen Sie, daß Versäumnisse zwar nicht aufgehoben werden können, daß man aber nicht wieder etwas versäumen sollte.

Abschiede sind immer schwer, besonders aber für Kinder. Der Tod eines Elternteils oder gar beider Eltern wird für jedes Kind immer eine starke Existenzbedrohung bringen. Liebe und Fürsorge werden allein nicht genügen, Ängste und Unsicherheiten zu überwinden. Reifungsschritte werden blockiert, die Bindungsfähigkeit kann für das ganze weitere Leben verloren gehen, eine Krise zu einer Dauerkatastrophe werden. Identifizierungen bis zur Übernahme von Krankheitssymptomen können stören, die Idealisierung kann Ansprüche bringen, die niemand erfüllen kann. Das Finden zur Realität kann erschwert sein. Jede dieser Verhaltensweisen kann zu einer Lebenskrise für kurze Zeit oder auf Dauer führen. Das ist Grund genug, alles zu versuchen, Schäden zu verhindern. Das Wissen um Ängste von Kindern, das Begreifen von Trauerphasen, von den Reaktionen des Unbewußten, womöglich gar von Todesgedanken soll helfen, Kindern und Jugendlichen in einer schweren Zeit beizustehen.

> **Störungen bei Kindern, die bei Vernachlässigung nach Todesfällen auftreten können**
> Kinder reagieren bei Todesfällen oft mit erstaunlicher Kälte. Ursache ist ein Selbstschutzmechanismus, der das noch schwache Unbewußte vor nicht zu bewältigendem Schreck und innerer Not schützen soll. Wenn man sie dann vernachlässigt, können verschiedene Spätfolgen auftreten:
> - Bei frühem Tod der Mutter kann eine überstarke Sehnsucht nach Beachtung und Liebe entstehen, die niemand zu erfüllen in der Lage ist.
> - Der Schmerz und die Belastung zugleich führen zu einer Verweigerung jeder tieferen Bindung – die Furcht vor Wiederholung verhindert sie.
> - Nach dem Tod von Vater oder Mutter werden frühere Rivalitätsgefühle in Schuldkomplexe verwandelt. Die Reue kann so tief sein, daß sie die Entwicklung hemmt.
> - Die Idealisierung Verstorbener kann zu Protesthaltungen führen, deren Reaktionen auf vermeintlichen Liebesentzug und Unerreichbarkeit des Vorbilds beruhen.

- Die Dauersuche nach Vater- oder Muttergestalten nach frühem Tod des entsprechenden Elternteils hat ihren Grund darin, daß Nachteile nicht mehr auftreten können, Tote perfekt erscheinen.
- Der Zorn über den Verlust – das Objekt für Anlehnung und Identifizierung fehlt – wird später zu Schwierigkeiten mit Partnern führen.
- Beim Tod von Geschwistern tritt Konkurrenzneid auf, wenn das tote Kind immer als Vorbild hingestellt wird und das lebende nur unzureichend Zuwendung erhält.
- Ein Verlusterlebnis bringt die Sorge vor immer neuen Verlusterlebnissen. Die Angst vor Verlusten kann zu einer starken Minderung der Lebensfreude führen.
- Das Sterben an gebrochenem Herzen ist viel häufiger, als man annehmen sollte. Dazu gehören auch Selbstmorde, weil der Sinn eines Lebens mit immer wiederkehrenden Verlusten nicht akzeptiert wird.

Die Folgen von vernachlässigter Trauer bei Kindern sind so gravierend, daß sie nicht hingenommen werden können. Erschrecken und aufkommende Ängste, Existenzzweifel, Schuld, Reue, Ärger und Zorn, Angst vor Vergeltung und Erinnerungen an erlittene Ungerechtigkeiten stürmen auf das Kind ein, können es zu einer Selbstbestrafung bis zu Verletzung und Tod führen.

Hilfe bringen hier mehr Zuwendung, die Zusammenführung von Freunden und Geschwistern zu Spiel und Gespräch, neue Interessenfelder und interessante Aufgaben. Auch eine sachliche Klärung der Zukunft gehört dazu! Unterbleibt die Hilfe, sind spätere Störungen geradezu programmiert.

Wie man Trauernden helfen und Trost bringen kann

Wer steht nicht hilflos vor der Beantwortung der Frage, wie man Trauernden helfen und Trost bringen kann? Wir wissen, daß Trauer natürlichen Gesetzmäßigkeiten gehorcht, mögen Menschen auch noch so unterschiedlich reagieren. Trauer ist ein elementares Gefühl, das nicht nur auf Todesfälle beschränkt bleibt: Immer wenn Verhältnisse sich unwiderruflich ändern, kommt es zu diesem körperlich-seelischen Leidenszustand.
Wir müssen erkennen, daß Schmerz und Verzweiflung, wenn sie ausgelebt werden, nach und nach verschwinden. Jeder von uns hat die Stufen des Erschreckens, von Unverständnis und Abwehr, von Zorn, Groll, Wut und Neid, des Aufschiebens, Verhandelns und Hoffens und letztlich der Einwilligung zum Gehen des Weges bei Schwerkranken und Sterbenden erleben oder zumindest erfassen müssen: Nach dem Tod stehen die Hinterbliebenen unter Schock, die

Emotionen brechen auf, der Handlungszwang beim Begräbnis und der Regelung des Nachlasses bringt vorübergehend die nötige »Haltung«. Dem endgültigen Begreifen folgt die seelische Trennung und die Wiederstabilisierung, schließlich der Neubeginn.
Rituale helfen – sicher; trotzdem kann Trauer aber krankhaft werden. Wie ist das zu verhindern?
Wie kann man Trost bringen, wo oft jedes Wort abprallt wie ein Tropfen an einer glatten Wand?

Kreis der Helfer

Als Helfer in Verlustsituationen kommen drei Personengruppen infrage, die gleichberechtigt nebeneinander stehen:
1. der Verstorbene, der zu Lebzeiten dafür sorgen muß, daß nach seinem Tod Hinterbliebene wirtschaftlich gesichert sind und Wesentliches geordnet ist
2. die professionellen Helfer, zu denen Ärzte, Krankenschwestern, Pfarrer, Bestatter und die Mitarbeiter von Behörden gehören, die nach dem Tod einer Person Regelungen zu treffen haben
3. alle Personen, die mit den Hinterbliebenen in Kontakt stehen und in jeder Beziehung mit Rat, Tat, Hilfe, Verstehen, Zuhören und anderen Maßnahmen zur Verfügung stehen.

Diese drei Gruppen haben einen bedeutenden Komplex zu bewältigen, der sowohl die wirtschaftliche Situation als auch die körperliche und seelische Verfassung der Hinterbliebenen einschließt. Die psychologische

Komponente der Trauer mag noch so bedeutend sein, sie ist nicht positiv zu beeinflussen, wenn Ängste durch wirtschaftliche Bedingungen hervorgerufen oder zumindest beeinflußt werden.

Rolle des Helfers

Was sind die wichtigsten Eigenschaften eines guten Begleiters? Begleiter müssen zuhören können: Ein Trauernder erwartet auf die Frage, warum er eigentlich so viel durchmachen muß, keine Antwort. Er wartet auf ein Zeichen von Verständnis, auf die Annahme seiner Sorgen, er will gezeigt bekommen, daß er nicht zur Last fällt, sondern immer wieder mit den gleichen Sorgen und Kümmernissen kommen kann, bis er sie selbst gelöst hat. Für sachliche Fragen kann der Trauernde eine Lösung erwarten, von einem Begleiter aber Stützung bei der Bewältigung eigener Probleme.
Es gibt in der deutschen Sprache zwei Begriffe – Trösten und Vertrösten. Wie unterscheiden sie sich? Trösten kann man, indem man hilft, stützt, einfach da ist. Vertrösten hat etwas von Ablenken, von Ausklammern, von Aufschieben an sich; Vertröstungen verallgemeinern, sie wollen Gefühle beschwichtigen. Ein wirklicher Begleiter wird niemals vertrösten, sondern immer trösten.

Gott kann trösten

Ob jemand glaubt oder nicht, ist sicher seine persönliche Angelegenheit. Jede Religion glaubt an einen großen Schöpfergott, der mächtig und zugleich gut ist und ein Leben nach dem Tod ermöglicht.
Es gibt viele heilige Bücher – nicht nur die Bibel. Das Lesen in diesen Büchern kann unendlich tröstlich sein. Sie tragen in sich die Weisheit von vielen Generationen, sie zeigen Not, Trauer und Triumph, die Überwindung von Schwierigkeiten, das Leben nach dem Tod. Sie zeigen, was Menschen vor Hunderten, ja Tausenden von Jahren gedacht haben. Sie zeigen Leben und Tod, Werden und Vergehen und göttliches Wirken. Auch aus der heutigen Sicht der modernen Wissenschaft müssen wir erkennen, daß alles an uns vergänglich und unvergänglich zugleich ist. Östliche Religionen glauben an eine Läuterung durch die Wiedergeburt, bis die Seele in das Nirwana eingeht, und daß die Seele und die Wirkungen des Geistes nicht sterben können.
Wer glauben kann – gleich welcher Konfession er angehören mag – soll es so tief tun, wie er nur kann. Niemand soll über ihn lächeln – er ist nur zu beneiden.

Trauer aus der christlichen Sicht von Tod und Auferstehung
Tod und Auferstehung von Christus sind wesentliche Teile christlichen Denkens. Wie die Evangelisten schreiben, ging Christus den Weg aller Sterbenden. Mit der Auferstehung aber beschritt er

den Weg der Trauernden, die geläutert dem Leben zurückgegeben werden.

Betrachten wir die Stufen: Das Neue Testament beschreibt die Szenen am Ölberg mit Erschrecken, Angst, Unverständnis und Abwehr, mit unterschwelligem Zorn und Groll, mit Hoffen und Bangen, Verhandeln und Aufschieben, damit der Kelch vorübergehe. Zustimmung, Einwilligung, Mut zum Gehen des schweren Weges folgen. Die Jünger trifft der Schock des Verlusts. Trotz Trauer besteht der Handlungszwang – sie müssen sich in Sicherheit bringen. Die Emotionen brechen auf. Sie begreifen, verlassen zu sein, vernichtet, niedergeschlagen, getrennt durch den Tod. Christus ersteht auf; er ist anders, triumphaler. Er schickt die Jünger in alle Welt, das Evangelium zu verkünden.

Den Jüngern erging es wie jedem Trauernden: Sie erkannten erst, was Christus bedeutete, nachdem er gestorben, auferstanden und wieder entschwunden war. Die tiefe Beziehung zwischen Meister und Jüngern, die Verklärung, das Wiedersehen, die Freude über die Aufgabe überwanden die Trauer und führten zu großen Leistungen, zu mehr Verständnis. Durch ihre Erfahrung und Trauer wurden die Jünger nicht ärmer, sondern reicher. Sie durchschauten auf einmal vorher Undurchsichtiges, sie erfuhren Dinge, die sie ohne den Schmerz und die Erschütterung nicht erfahren hätten.

Hilfen bei der Trauerarbeit

Trauerarbeit ist die Arbeit, die uns hilft, in den Stufen Schock, Handlungszwang, emotionales Begreifen, Trennung und Neubeginn für uns und unsere Angehörigen das Leben neu zu gestalten – eine schwere, aber notwendige Arbeit.

Man sollte sich rechtzeitig wappnen gegen Unvermeidliches, sich rechtzeitig mit den Problemen des Abschieds beschäftigen, die Sehnsucht nach Dauer überwinden. Dem Trauernden muß klar werden, daß jeder Mensch viele Male im Leben in ähnlichen Situationen gestanden hat und mit ihnen fertig geworden ist, wieder zurückgefunden hat zu Freude, Glück und Glauben an eine Zukunft. Es ist wichtig, den Abschied in das Leben einzubeziehen. Trauervorgänge sind so natürlich wie jeder andere Lebensvorgang.

> **Den Tod in das Leben einbeziehen!**
>
> In jedem Menschen steckt eine Sehnsucht nach Dauer, nach Sicherheit. Sicher ist aber nur die Unbeständigkeit, der Wechsel. Es ist ein Wunschtraum, daß alles so bleibt, wie es ist.
>
> Kann man Abschied nehmen lernen? Dazu einige Überlegungen:
> - Wer sich binden will, muß auch die Möglichkeit eines Scheiterns in Kauf nehmen. Jede dritte Ehe scheitert, von der »Dunkelziffer« des Nebeneinanderlebens nicht zu reden. Man muß mit diesem Gedanken leben lernen – und etwas dagegen unternehmen.

- Im Beruf werden die meisten Menschen ein- oder mehrmals scheitern, eine Position verlieren und wieder von vorn anfangen. Was ist schon dabei: Mancher ist dabei nach oben gefallen.
- Wir können nicht verhindern, daß Verlustgefahren, im ernstesten Fall der Tod in unser Leben eindringen. Ist das nicht eher ein Antrieb, das Leben noch zu genießen, »solange die Blume blüht«?
- Kulturen haben dann am längsten existiert, wenn das Leben und der Tod bzw. das Leben danach in sie eingebunden waren. Das galt für die Ägypter, das gilt für die Kirchen heute. Nur der kann schöpferisch sein, der die Angst überwunden hat und den heutigen Tag nutzt.

Zuhören, verstehen und mitleiden

Trauernde müssen in der Zeit des Schocks gestützt werden; sie müssen sich eine Zeitlang treiben lassen können, aber dann Schritt für Schritt ins Leben zurückgeführt werden. Im Gespräch, im Eingehen auf Sorgen, Probleme, aber auch auf Wünsche. Sie müssen wieder lernen zu lesen, sich an Musik zu erfreuen, an einer Blume, an etwas Schönem im Leben.

Sicher ist, daß Trauer in Gemeinschaft mit anderen Menschen einfacher und leichter ist. Während der Einzelne in Verzweiflung und Traurigkeit versinkt, werden Begleiter helfen, sich bewußter mit der Vergangenheit und auch mit Gegenwart und Zukunft auseinanderzusetzen, als das allein möglich ist. Das gilt vor allem dann, wenn es anfangs in der Schockphase sinnlos erscheint, Trauernde anzusprechen. Abwehr muß zuerst geduldig aufgelockert, dann durchbrochen werden. Nichts wäre schlimmer, als Trauernde verletzt allein zu lassen, nur weil es nicht gleich möglich war, bis zu ihnen und ihren Empfindungen durchzudringen.

Wie soll man helfen, Trauervorgänge, das Andenken an Verstorbene zu verinnerlichen? Der Begleiter wird dabei behilflich sein müssen, klar werden zu lassen, daß es keinen Anspruch auf Glück, keine Garantie dafür gibt. Nur wenn man sich der Realität stellt, kann man Freude am Leben haben. Dazu braucht man das Wissen um die Zusammenhänge und viel Selbstvertrauen. All das kann man lernen, vor allem von Gleichgesinnten, die derartige Verluste schon durchgemacht haben. Derartige Freunde sind eine Kostbarkeit.

Es muß klarwerden, daß wir für eine Zeit der Zweisamkeit dankbar sein müssen, daß es außerhalb des Partners, der Familie, außer Vermögen und Ansehen noch Dinge gibt, die wertvoll sind. Wir müssen Trauernden helfen, Bilanz zu ziehen über das, was die vergangene Zeit gebracht hat, und einen Ausblick zu erhalten, was die Zukunft bringt. Auch Selbständigkeit kann Glück bedeuten, Neues kann helfen, sich von der Erinnerung nicht erdrücken zu lassen.

Ausnahmesituationen von Trauernden

Ausnahmesituation soll hier heißen, daß ein Mensch anders reagiert, als man es gewohnt ist und erwartet, anders als im normalen Leben. Während der Mensch sonst vielseitig ist und sich mit den verschiedensten Dingen beschäftigt, ist dann sein ganzes Denken und Fühlen auf eine einzige Sache, hier: den Trauerfall reduziert. Wie lange dieser Ausnahmezustand dauert, bis die volle Urteilsfähigkeit zurückgewonnen ist, kann sehr unterschiedlich sein: Bei manchem sind es Tage, bei anderen Wochen, Monate. Wenn der Zustand über einige Wochen hinausgeht, sollte ein erfahrener Arzt hinzugezogen werden.

In diesem Zustand gehören geistige Abwesenheit, Weinen und Verzweiflung. Vor allem werden Träume den Trauernden heimsuchen oder trösten; sie sind gewissermaßen ein Spiegel der Seele und des Zustands des Unbewußten. An der Art der Träume läßt sich z. B. auch ablesen, wie weit die Loslösung vom Verstorbenen fortgeschritten ist.

Ausnahmesituationen stellen immer einen Knick im Leben dar. Dieser Knick muß nicht negativ sein: Oft kommt dem Betroffenen nach der Überwindung dieser Zeit der Gedanke, daß dieser Einschnitt ein Segen war, daß das frühere Leben fast als stumpfsinnig bezeichnet werden muß. Menschen können nach Krisen wie neugeboren auferstehen, unabhängig werden, in eine neue Rolle hineinwachsen. Jeder Mensch ist bis ins hohe Alter hinein lernfähig, fast ohne Grenzen. Gerade in einem seelischen Tief braucht er neue Aufgaben, um wieder Halt zu finden.

Die Existenz sichern helfen

Über die Pflichten, die jeder hat, sein »Haus zu bestellen«, wurde schon gesprochen. Hier soll überlegt werden, wie weit ein Begleiter helfen kann, in jeder Form mit dem neuen Leben zurechtzukommen.

Es kommt viel auf die Eigenschaften des Trauernden an: Zusammengefaßt gilt, daß, je weniger jemand an Besitz hängt, je mehr er loslassen, freigeben kann, je freiheitsfähiger er ist, er um so weniger gegen Krisen nach Trauerfällen anfällig ist. Er lernt schnell, mit einer neuen Situation fertig zu werden, ohne daß er aggressiv wird und nach vorn drängt oder regressiv den Rückzug antritt bzw. gar depressiv einem Besitzstand nachtrauert, der verschwunden ist.

Jeder muß damit leben lernen, daß seine Erwartungen nicht erfüllt werden, ohne aus Trauer, Zorn oder Enttäuschung in Schwermut zu verfallen. Gerade deshalb ist es wesentlich, daß das Bedeutsamste *vor* einem Todesfall geklärt wird – wenn das möglich ist. Dazu gehören natürlich auch Wünsche von Verstorbenen, aber nur soweit, wie sie erfüllbar und vernünftig sind: Eine Wiederverheiratung zu verbieten ist unvernünftig und zeigt nur die Eigensucht des Verstorbenen. Es ist dann gewiß bitter, bei einer neuen Bindung ein schlechtes Gewissen zu haben – darüber muß man sich aber hinwegsetzen. Niemand hat das Recht, die Freiheit eines Menschen so stark einzuschränken.

Begleiter müssen helfen, zu lernen, wie man lebt, trauert und Krisen überwindet, ohne zu verzweifeln. Gerade das ist schwierig, gibt es doch viele Fragen, auf die unsere Zeit keine überzeugende Antwort bereithält;

Fragen über den Sinn des Lebens und des Todes und die Angst gehören dazu.

Wir müssen den Tod wieder anders begreifen lernen – nicht als böses, furchteinflößendes Ereignis. Der Tod ist doch nach einem erfüllten Leben oft ein erwünschtes, friedvolles Ende; er ist dann Ruhe, Frieden, ein Verlöschen der Pflichten und der Anforderungen. Wir müssen mit dem Tod wieder leben lernen, um die Angst zu überwinden. Nur dann wird unsere Existenz gesichert sein, werden wir die Tage, die uns verbleiben, ausgeglichen und mit Freude er- und verleben können.

Gewiß ist es seelische Schwerstarbeit, das zu erfassen und zu verkraften, aber wenn wir uns viele Jahre darin üben, haben wir Zeit, es zu durchdenken. Eine derartige Arbeit unter Zeitdruck zu bewältigen, muß zu Krisen führen. Je besser wir uns selbst vorbereiten oder einem Kranken in der Vorbereitung helfen, desto weniger wird ein Todesfall zu Leiden führen.

Zur Hilfe bei der Existenzsicherung gehört auch die Rolle in der Gesellschaft. Vor allem betrifft das diejenigen, die im Schatten des Partners standen. Gerade diese Menschen blühen oft auf, pflegen sich, gewinnen Selbstsicherheit und sehen das Leben wieder positiv. Auch wenn auf Reisen anfangs der Partner vermißt wird, so werden die neuen Eindrücke doch aufkommende Schwermut verdrängen.

Trösten aus Erfahrung

Wer kann trösten? Wohl nur der, der den Schmerz kennt und der durch ihn hindurch gegangen ist. Je mehr ein Mensch innere und äußere Not erfuhr, um so besser wird er andere verstehen können; Verstehen steht vor dem Helfen können. So wird auch Not dazu führen, daß immer wieder Menschen nachwachsen, die die Fähigkeit entwickeln, anderen helfen zu können, durch die Zeit der Trauer zu kommen und danach ein neues, erfülltes Leben zu beginnen.

Wie kann man Trauernden helfen?

Es ist schwierig, zu dieser Frage wirklich anwendbare Antworten zu geben oder gar eine Rangreihenfolge aufzustellen, nach der vorgegangen werden kann! Menschen reagieren in ihrer Not oft ganz anders, als man voraussehen kann. Um doch eine Antwort zu geben, soll hier eine Mitschrift aus einem Rundgespräch wiedergegeben werden, das sich mit diesen Fragen befaßte. Es war nach der Brainstorming-Methode aufgebaut, bei der auch die unmöglichsten Fragen gestellt und Antworten gegeben werden konnten, ohne daß jemand daran Anstoß nehmen durfte. Die Ergebnisse:
Man sollte
- dem Trauernden Zeit lassen und ihn nicht bedrängen. Es sollte gewartet werden, bis er wieder einen neuen Lebensabschnitt beginnen kann.
- In der Zeit der Tränenlosigkeit und der Erstarrung sollte man versuchen, dem Trauernden alles abzunehmen an Lasten – ohne viel zu sagen.

- Um die Not der Kinder bei Sterbefällen sollten sich Helfer mit Gesprächen und Ablenkungen besonders bemühen – und seien sie auch nur für Stunden wirksam.
- Es muß etwas getan werden, um die Leere im Inneren von Trauernden auszufüllen, ihnen Kraft zu geben für den jetzigen und den nächsten Tag – oft reicht schon allein das Dasein.
- Man muß dem Trauernden helfen, den Tag wieder zu planen, ihn einzuteilen zwischen Tätigkeit und Nachdenken, Ruhe und Arbeit – und damit das Suchen nach Verlorenem eindämmen.
- Die Suche nach dem Schuldigen am Tod des Verstorbenen muß dem Trauernden ausgeredet werden. Niemand hat im allgemeinen schuld, nicht der Arzt, der Betroffene und auch nicht der Trauernde.
- Die Einsamkeit sollte man durch Anwesenheit mildern, damit kein Neid über andere, die zusammen sind, unerträglich wird. Jeder Mensch braucht jemanden neben sich, dem er vertraut.
- Das Rebellieren und der Groll gegen Gott ist abzubauen, denn das zerreibt den Menschen. Der Trauernde muß wieder Vertrauen gewinnen, nur dann können sich seine Wunden schließen.
- Die Helfer müssen erschütterte Fundamente des Lebens wieder aufbauen helfen. Dazu muß die Angst abgebaut werden, Ähnliches noch einmal durchleben zu müssen.
- Die Konzentration auf die Trauer ist aufzubrechen, das Denken von der Konzentration auf das Leid wieder zurückzuführen auf die Freuden und die Pflichten des Lebens.

- Wenn möglich, ist die Kraft des Gebets zu nutzen. Es müssen nicht allgemeine Gebete sein; oft wirkt ein Bibelspruch tröstlicher.
- Der Trauernde sollte Gesprächskreise suchen: Das Leid anderer kann ablenken und das eigene relativieren. Wenigstens für Stunden wird der Trauernde unter Gleichgesinnten und gleich Leidenden sein.
- Ein Helfer muß den Zorn abfangen können, mit dem Hinterbliebene den Ärger darüber abreagieren, verlassen worden zu sein. Manche empfinden den Tod des Partners wie eine persönliche Niederlage.
- Der Trauernde muß erkennen, daß der Verstorbene und sein Verhalten nüchtern zu betrachten ist. Eine Glorifizierung nutzt niemandem; jeder von uns hat seine Fehler.
- Trösten heißt weinen helfen. Weinen ist ein Schritt zur Heilung; es erleichtert, läßt Gefühle aufbrechen und aussprechen. Dämme sollen brechen und den Schmerz fließen lassen.
- Trauerkranke auf dem Weg zur Heilung können am besten durch ein frohes, aufmunterndes Wort unterstützt und aus der Lethargie herausgerissen werden.
- Trauernde dürfen nicht aus der Gesellschaft gedrängt werden; sie müssen ihren angestammten Platz oder einen neuen erhalten. Jeder Helfer muß verhindern, daß sie auf das Abstellgleis geschoben werden.
- An Wochenenden und Feiertagen ist es besonders schwer, allein zu sein; Bitterkeit kann aufkommen. Ein Gespräch wird Kraft und Zuversicht bringen.

- Ausgesprochene Selbstmordgedanken sind sehr ernst zu nehmen. Der Trauernde schwebt zwischen Standhalten und Fliehen – nur Verständnis und Gegenwart anderer können ihn zurückhalten.
- Weinende Augen verlernen das Sehen, sie können das Schöne dieser Welt nicht mehr erkennen. Freunde haben die Aufgabe, sie wieder zu öffnen.
- Musik kann die Erstarrung der Apathie lösen; nicht nur Instrumente und Gesang, sondern auch das Zwitschern der Vögel oder das Rauschen der Wellen können aus der Verzweiflung aufwecken.
- Trauernde müssen oft wieder lernen, die kleinen Dinge des Lebens zu bewältigen – ein Formular auszufüllen, den Garten in Ordnung zu bringen. Zu Zweit geht das besser!
- Oft gilt es auch, nur einmal aufräumen zu helfen, den Tisch zu decken und gemeinsam zu essen, sich etwas Gutes zu kochen und zusammen zu reden.
- Oft hat der Partner die Finanzen der Familie verwaltet. Hier gilt es Sorge zu tragen, daß der Hinterbliebene das Wirtschaften lernt, Schritt für Schritt, wie in einer Schule.
- Es kommen Tage, die in Traurigkeit vergehen, eine Last sind, die von Hast, Unruhe und Schuldgefühlen bestimmt sind: Der Anruf eines Freundes kann den Tag retten und die Stimmung wieder heller werden lassen.
- Grübeln läßt die Zeit lang und das Herz schwer werden. Warum nicht zu malen anfangen, zu töpfern oder etwas anderes zu tun? Die Nützlichkeit ist allein schon dadurch gegeben, daß bedrängendes Grübeln nachläßt.

- Läßt die Trauer nach, kommen oft Gefühle auf, nicht mehr begehrt zu sein. Zärtlichkeit und körperliche Nähe fehlen. Lange Gespräche sind kein Ersatz, können aber dennoch hilfreich sein.
- Trauernde sind oft Kränkungen, Lieblosigkeiten ausgesetzt: zusammen zu schimpfen, dem Zorn mal Luft zu machen, bringt Hilfe.
- Früher waren Witwen und Witwer in der Großfamilie geborgen. Warum sollen sie sich heute nicht zusammenschließen mit Menschen, die ein gleichartiges Schicksal haben?
- Wer seinen Bezugspunkt verloren hat, der muß erkennen lernen, daß er selbst ein eigenständiger, wertvoller Mensch ist, auch ohne den Partner. Wer das nicht selbst erfaßt, dem muß man das sagen.
- Wieder eine Ehe einzugehen, bedarf vieler Überlegungen. Darüber sollte man nüchtern und dabei einfühlsam sprechen.
- Witwe oder Witwer zu sein, kann nie Lebensziel bleiben. Auch wenn eine Aufgabe zu bewältigen ist, darf man am Leben nicht vorbeigehen. Manchmal bedarf es zu einem neuen Anfang nur eines kleinen Anstoßes.
- Die Gefahr, daß der Genesende wieder zurücktritt in den Schatten, ist groß. Freunde haben die Aufgabe, ihn behutsam aus Rückschlägen wieder herauszuführen.

Anhang

Checklisten: Hilfen für Trauernde

1. **Ist das Haus bestellt? Fragen zur Sicherung der Hinterbliebenen**
   Zu einem Helfer für Hinterbliebene gehört nicht nur Hilfe für die Überwindung der Trauer selbst, sondern auch das Anbieten von Vorschlägen, den Umkreis der Trauer von störenden Einflüssen frei zu halten. Vor allen Dingen sind damit wirtschaftliche Not und Unsicherheit gemeint. Trauer läßt sich leichter überwinden, wenn finanzielle Dinge keine Sorgen bereiten. Deswegen sollen hier zuerst in einer Checkliste die wesentlichen Fragen der Sicherung von Hinterbliebenen angeschnitten werden, die – das ist ganz wesentlich – möglichst noch zu Lebzeiten erarbeitet und abgeschlossen werden sollen.

	Aufgabe	erfüllt
1	Sind die wesentlichen Angaben zur Person bekannt und geordnet worden?	
2	Liegt die Geburtsurkunde oder das Familienstammbuch mit der Nummer des Geburtenregisters vor?	
3	Liegt – im Scheidungsfall – die Heiratsurkunde mit dem Scheidungsvermerk und dem Scheidungsurteil vor?	
4	Sind gleichartige Daten für den Ehegatten vermerkt und gesichert worden?	
5	Wurde ein beruflicher und persönlicher Lebenslauf aufgestellt, um später Einzeldaten rekonstruieren zu können?	
6	Sind die Personalien der Eltern vermerkt, ggf. mit Friedhof und Grabnummer?	
7	Liegt eine Familiengrabstelle vor und ist sie belegbar? Liegt eine Kopie der Urkunde bei?	
8	Liegen private Versicherungspolicen mit letzter Beitragsquittung vor? Gilt dasselbe für Sterbekassen?	

	Aufgabe	erfüllt
9	Sind Adresse, Mitgliedsnummer und Bedingungen der gesetzlichen Krankenversicherung vermerkt worden?	
10	Können beim Todesfall Forderungen aus einer Unfall- oder sonstigen Versicherung geltend gemacht werden?	
11	Sind Sterbegeldansprüche aus dem Bundesversorgungsgesetz für Kriegsopfer zu erwarten, für deren Auszahlung Anträge gestellt werden müssen?	
12	Sind sonstige Sterbegeldansprüche, z. B. für Soldaten, aus dem Bundesversorgungsgesetz, aus Tarifverträgen o. ä. vorhanden?	
13	Kommen beamtenrechtliche Ansprüche auf Sterbebezüge und Beihilfen infrage?	
14	Sind die Einreichungsunterlagen für Renten- und Pensionsansprüche in Ordnung, zu denen die Sterbeurkunde, die Heirats- und Geburtsurkunde sowie die laufenden Aufrechnungsbescheinigungen gehören?	

	Aufgabe	erfüllt
15	Gelten gleiche Bedingungen für die Gewährung von Witwen- und Waisengeldern, für Pensionsansprüche, zu Rentenansprüchen aus privaten Versicherungen?	
16	Sind Ansprüche für eine Betriebsrente, eine Altershilfe für Landwirte o. ä. vorhanden?	
17	Kann eine Empfehlung zur Auszahlung oder Kapitalisierung von Rentenansprüchen gegeben werden?	
18	Sind die Ansprüche aus Versicherungen in einer Liste aufgeführt, die die monatlichen Summen ausweist?	
19	Welche wesentlichen vertraglichen Verpflichtungen sind vorhanden?	
20	Sind Miet- und Pachtverträge vorhanden; wo sind die Unterlagen?	
21	Welche Nutzungsrechte sind vorhanden? Gibt es noch Ansprüche aus sonstigen Verträgen?	

	Aufgabe	erfüllt
22	Welche Sachversicherungen, z. B. für Hausrat, Einbruch, Feuer sowie Haftpflichten, sind zu beachten?	
23	Welche Bankguthaben sind bei welchen Banken unter welchen Bedingungen vorhanden?	
24	Welche Pfandbriefe oder sonstigen Wertpapiere sind wo deponiert?	
25	Bei welcher Bank sind Schließfächer vorhanden? Wo sind die Schlüssel und die Vollmachten dazu?	
26	Sind Bausparguthaben vorhanden? Bei welchen Banken oder Bausparkassen liegen sie?	
27	Welche Darlehensforderungen sind zu beachten? Wann sind sie fällig?	
28	Sind sonstige Vermögensteile vorhanden, z. B. Einlagen als stiller Gesellschafter, Ansprüche aus Baukostenzuschüssen oder andere Forderungen?	
29	Kann man Urheberrechte nutzen? Gibt es Patente, Erfindungen, Gebrauchsmuster?	

	Aufgabe	erfüllt
30	Welche Schulden oder Verpflichtungen sind vorhanden, z. B. Hypotheken, Darlehens- oder Bausparschulden?	
31	Sind Eigentumsvorbehalte an Gegenständen oder Sicherheitsübereignungen gegeben?	
32	Welche Steuerverpflichtungen sind zu beachten? Welcher Steuerberater kann helfen?	
33	Welche Alleineigentümerschaft an Grundbesitz und an Bauten ist vorhanden?	
34	Welche Miteigentümerschaft an Grundbesitz und an Bebauung ist zu beachten?	
35	Sind Rechte aus der Eigentümerschaft von land- und forstwirtschaftlichen Grundstücken, aus gewerblichen Betrieben oder aus dem freiberuflichen Bereich zu beachten?	
36	Welche sonstigen Wertgegenstände, Schmuck oder Sammlungen sind wo hinterlegt?	

	Aufgabe	erfüllt
37	Welche Schenkungen sind – u. U. aus Erbschaftssteuergründen – zweckmäßig?	
38	Ist ein Testament bzw. ein Ehe- und Erbvertrag vorhanden, in dem alle nötigen Regelungen enthalten sind?	

2. **Was muß nach dem Tod eines Menschen unternommen werden?**

Nur wenige Male wird man vor dem Problem stehen, einen lieben Menschen zu bestatten. Gut ist es dann, wenn ein Fachmann, in diesem Fall ein versierter Bestatter, diese Arbeit übernimmt. Er kennt die Einzelheiten besser, als dies hier beschrieben werden könnte. Trotzdem – ein Mindestmaß sollte jeder wissen.

	Aufgabe	erfüllt
1	Ist die ärztliche Totenschau zur Feststellung des Todes unternommen worden, das Papier unterschrieben und gestempelt?	

	Aufgabe	erfüllt
2	Wurde bei der Absicht einer Feuerbestattung eine zusätzliche amtsärztliche Leichenschau vorgenommen, die einer amtsärztlichen Unbedenklichkeitsbescheinigung vorausgeht?	
3	Ist sichergestellt, daß bei dem Todesfall keine fahrlässige oder strafbare Handlung die Ursache des Todes war?	
4	Ist klar, daß der Tod nicht durch eine übertragbare, gemeingefährliche Krankheit verursacht wurde?	
5	Ist keine Obduktion erforderlich, um u. U. Ansprüche gegen eine Berufsgenossenschaft wegen Berufskrankheit zu untermauern?	
6	Wurde Wünschen Rechnung getragen, in denen der Verstorbene Teile seines Körpers zur Transplantation freigab?	
7	Sind Verfügungen des Verstorbenen mit Bestimmungen zu der Bestattung in allen Bereichen beachtet worden?	

	Aufgabe	erfüllt
8	Erfolgte am Todestag oder am folgenden Werktag die mündliche Anzeige des Todes des Verstorbenen beim Standesbeamten des Bezirks?	
9	Wurden die Unterlagen zur Sterbefallanzeige, wie Geburts- und Heiratsurkunde, bereitgestellt?	
10	Hat man beim Tod von minderjährigen Kindern zusätzlich zur Geburtsurkunde die Heiratsurkunde der Eltern beigelegt?	
11	Ist bei Verwitweten zusätzlich die Sterbeurkunde des verstorbenen Ehepartners beigelegt worden?	
12	Wird bei Geschiedenen der Scheidungsvermerk oder das Scheidungsurteil bereitgehalten?	
13	Sind Verwandte, Kinder und Freunde über den Tod benachrichtigt worden?	
14	Hat man der Dienstbehörde oder einem anderen Arbeitgeber, der Berufsorganisation und anderen wichtigen Stellen Bescheid über den Todesfall gegeben?	

	Aufgabe	erfüllt
15	Gibt es ein vorhandenes Grab mit der entsprechenden Beurkundung, bei dem die Wiederbelegungsfrist ausreicht?	
16	Kann ein Grab ausgewählt werden, bei dem die Wünsche des Verstorbenen bei der Grabmalsgestaltung und der Bepflanzung berücksichtigt werden können?	
17	Ist bedacht worden, daß u. U. ein Familiengrab zweckmäßiger sein kann?	
18	Liegt eine schriftliche Bescheinigung des Verstorbenen vor, daß er eine Feuerbestattung wünscht?	
19	Wurde festgelegt, ob die Urne in einem Urnenhain, einer Urnenhalle oder anonym bestattet werden soll und ob bei der Bestattung nur die Fläche, aber nicht die Stelle bekannt gegeben wird?	
20	Ist der Wunsch des Verstorbenen nach einer Seebestattung zu erfüllen?	
21	Wurden der Sarg und das Sargzubehör standesgemäß ausgewählt – nicht zu übertreiben und nicht zu einfach?	

	Aufgabe	erfüllt
22	Ist die Sterbehalle nach den Wünschen des Toten dekoriert worden?	
23	Wurde die Möglichkeit einer Fristverlängerung bis zur Bestattung genutzt, damit auch entfernter wohnende Angehörige zur Bestattung kommen können?	
24	Kann der Tote nach einer ärztlichen Unbedenklichkeitsbescheinigung und nach Antrag bei der zuständigen Behörde länger im Trauerhaus bleiben?	
25	Entspricht die Dekoration im Trauerhaus mit Kerzenständern, Leuchtern, Blumen und anderen Dekorationsgegenständen den Wünschen des Toten?	
26	Entspricht der Sargschmuck den Wünschen des Verstorbenen?	
27	Sind die Einzelheiten der Totenfeier mit dem Geistlichen der Konfession besprochen worden?	

	Aufgabe	erfüllt
28	Hat der Redner oder der Geistliche Daten aus dem Leben des Verstorbenen erhalten und weiß er sie zu präsentieren?	
29	Wurden Bibelstellen oder andere Mottos für die Ansprache ausgewählt und besprochen?	
30	Ist die Reihenfolge der Redner angemessen nach den persönlichen Beziehungen ausgewählt worden?	
31	Hat man sich über die einzelnen Modalitäten der Feiern, z. B. im familiären und im offiziellen Teil, Klarheit verschafft?	
32	Hat man die Grundfarben der Dekoration festgelegt und den Grundaufbau bestimmt?	
33	Wurde die Kondolenzliste vorbereitet und deren Standort festgelegt?	
34	Ist der zeitliche Ablauf der Feiern entsprechend der Orte festgelegt worden?	

	Aufgabe	erfüllt
35	Sind die endgültigen Termine, der geistige Inhalt der Feier und die Reihenfolge von Musik und Ansprachen festgelegt worden?	
36	Sind die Art der Musik und die Musikinstrumente bestimmt und die Spieler ausgewählt worden?	
37	Wünschte sich der Tote zusätzliche Signale, mit dem Jagdhorn oder einem anderen Instrument?	
38	Sind die Anforderungen von Brauchtum, Sitte und örtlichen Gegebenheiten berücksichtigt worden?	
39	Stehen im Kondukt die Fahnen, die Vereinsmitglieder, die Auszeichnungen sowie die Beteiligten in der richtigen Reihenfolge?	
40	Sind die Beerdigungsteilnehmer nach den Beziehungen zu dem Verstorbenen geordnet worden?	
41	Sind die Texte für die Anzeigen angemessen ausgewählt worden?	

	Aufgabe	erfüllt
42	Sind auf den Sterbeanzeigen auch Ort und Bestattungstermin richtig vermerkt worden?	
43	Sind im angemessenen Umfang Trauerdrucksachen und Totenbilder, entsprechend Sitte und Brauch, bestellt worden?	
44	Wurden Grabdekorationen, Trauertücher, Flammen, Schalen und Kranzgestelle aufgestellt?	
45	Hat man die Aufstellung am Grab, die Reihenfolge der Ansprachen, Musikstücke, die letzten Worte der Geistlichen und der Laienredner richtig geplant?	
46	Wurden für das Totenmahl Sitzordnungen sowie Reihenfolgen der Speisen und Getränke festgelegt?	

3. Welche Maßnahmen sind nach einer Bestattung nötig?

Ein Helfer bei Trauerangelegenheiten muß drei Bereiche beachten: die Vorsorge, was bei der Bestattung zu beachten ist und was nachher unbedingt durchgeführt werden muß; wichtig ist die psychologische Betreuung von Trauernden zwischen der Schockphase und dem Wiederfinden der Lebensfreude. Gerade nach der Bestattung sind wesentliche Aufgaben zu erfüllen.

	Aufgaben	erfüllt
1	Wurden die Sterbegelder aus gesetzlichen und privaten Kassen eingezogen und liegt eine Endabrechnung vor?	
2	Wurden Renten- und Pensionsansprüche termingerecht angemeldet und die üblichen Vorauszahlungen beim Todesfall beantragt?	
3	Ist geprüft worden, ob Ansprüche gegenüber der Berufsgenossenschaft vorliegen und hat man diese wirksam angemeldet?	

	Aufgabe	erfüllt
4	Sind die für die Einreichung nötigen Unterlagen (Sterbeurkunde, Heiratsurkunde, Geburtsurkunde bei Waisen, laufende Versicherungskarte, Aufrechnungsbescheinigungen, Krankheits- und Ausfallzeiten) lückenlos?	
5	Haben Sie als Hinterbliebener eines Rentenbeziehers innerhalb von 14 Tagen nach dem Todesfall eine Vorschußzahlung beantragt?	
6	Haben Sie nach Vorlage der Sterbeurkunde, des Personalausweises und der kleinen roten Rentenkarte nach getrennter Beantragung eine Vierteljahresvorauszahlung erhalten?	
7	Haben Sie – bei Ehegatten, deren Ehe vor dem 1. Juli 1977 aufgelöst wurde – wegen Unterhaltszahlung eine Hinterbliebenenrente beantragt?	
8	Sind z. B. bei Beamten, die im fortgeschrittenen Alter geheiratet haben, alle Möglichkeiten, Witwen- und Waisengeld zu erhalten, ausgeschöpft worden?	

	Aufgabe	erfüllt
9	Wurden innerhalb der vorgeschriebenen Frist Krankenkassenbeiträge und andere Versicherungen abgeführt?	
10	Sind alle Einzelheiten für die Gestaltung des Grabsteins, von Text und Schriftform sowie der Grabumrandung geklärt worden?	
11	Hat man gesichert, die Bepflanzung nach den Wünschen des Verstorbenen vorzunehmen?	
12	Wurden alle Beihilfen und Regelungen für die Zahlung von Sterbegeldern genutzt (bei den gesetzlichen Versicherungen und bei privaten Versicherungsgesellschaften)?	
13	Wurden die erstattungsfähigen Bestattungsaufwendungen aufgelistet und alle Einzelheiten zur Regelung der Zahlungsfrage auf ihre Richtigkeit überprüft?	
14	Wurden die testamentarischen Anordnungen mit einem erfahrenen Anwalt und Notar besprochen und die gefundenen Lösungen für richtig befunden?	

Literaturverzeichnis

Baum, Stella: Der verborgene Tod, Frankfurt am Main 1979

Beer, Ulrich: Ein lieber Mensch hat uns verlassen, Genf 1986

Brocher, Tobias: Wenn Kinder trauern, Reinbek 1985

Dittrich, Helmut: Testament und Nachlaß vorbereiten, München 1985

Haller, Michael: Freiwillig sterben. Freiwillig? Reinbek 1986

Hampe, Johann Christoph: Sterben ist doch ganz anders, Gütersloh 1983

Kast, Verena: Trauern: Phasen und Chancen des psychischen Prozesses, Stuttgart 1982

Kübler-Ross, Elisabeth: Interviews mit Sterbenden, Gütersloh 1969

dies.: Was können wir noch tun? Gütersloh 1982

dies.: Verstehen was Sterbende sagen wollen, Gütersloh 1985

dies.: Leben bis wir Abschied nehmen, Gütersloh 1986

Leist, Marielene: Kinder begegnen dem Tod, Gütersloh 1979/1982

Lewis, C. S.: Über die Trauer, Köln 1971

Lohner, Marlene: Plötzlich allein, Frankfurt am Main 1982

Mitscherlich, Alexander und Margarete: Die Unfähigkeit zu trauern, München 1967

Mitten im Leben sind wir vom Tod umfangen (Autorengemeinschaft), Düsseldorf 1986

Parkes, Colin Murray: Vereinsamung – die Lebenskrise bei Partnerverlust, Reinbek 1972

Pincus, Lilly: Bis daß der Tod euch scheidet, Berlin 1974
Pisarski, Waldemar: Anders trauern – anders leben, München 1983
Risch, Hannelore: Gott tröstet, Wuppertal 1982
Rommel, Kurt: Mut zum Trauern, Stuttgart 1974
Spiegel, Jorik: Der Prozeß des Trauerns, München 1973/1986
Wehowski, Stephan: Sterben wie ein Mensch, Gütersloh 1985
Zink, Jörg: Ein paar Schritte an Ihrer Seite, Stuttgart 1978
ders.: Trauer hat heilende Kraft, Stuttgart 1985
Zorn, Fritz: Mars, Frankfurt am Main 1985

Bewußter leben und erleben.	*Der Weg zum inneren Reich.*	*Wir sind alle auf demselben Weg.*	*Schlank im Schlaf.*
Marie-Luise Stangl **Jede Minute sinnvoll leben** Vertrauen zu sich selbst gewinnen ECON Ratgeber	Bernhard Müller-Elmau **Kräfte aus der Stille** Die transzendentale Meditation ECON Ratgeber	Marie-Luise Stangl **Die Welt der Chakren** Praktische Übungen zur Seins-Erfahrung ECON Ratgeber	Alfred Bierach **Schlank im Schlaf durch vertiefte Entspannung** Die SIS-Methode ECON Ratgeber

Stangl, Marie-Luise
Jede Minute sinnvoll leben
– Vertrauen zu sich selbst gewinnen –
123 Seiten
5,80 DM
ISBN 3-612-20015-1
ETB 20015

Müller-Elmau, Bernhard
Kräfte aus der Stille
– Die transzendentale Meditation –
191 Seiten
7,80 DM
ISBN 3-612-20021-6
ETB 20021

Stangl, Marie-Luise
Die Welt der Chakren
– Praktische Übungen zur Seins-Erfahrung –
Originalausgabe
107 Seiten
49 Zeichnungen
5,80 DM
ISBN 3-612-20022-4
ETB 20022

Bierach, Alfred
Schlank im Schlaf durch vertiefte Entspannung
– Die SIS-Methode –
144 Seiten, 1 Grafik
6,80 DM
ISBN 3-612-20006-9
ETB 20008

Das Buch
Eine der besten Kennerinnen der altchinesisch-japanischen Weisheiten des Zen-Buddhismus verhilft dem Leser – von der Hausfrau bis hin zum Top-Manager – zu einem neuen Verständnis seiner selbst. Sie beschreibt, wie man durch Bewußtwerdung ganz alltäglicher Tätigkeiten und Verrichtungen – wie Gehen, Stehen, Laufen, Essen, Arbeiten – sein Leben und seine Persönlichkeit eindringlicher und bejahender erlebt und erfaßt, wie man sich von Angst, Zerrissenheit, Selbstentfremdung und aus innerer Einsamkeit löst und dadurch neue Lebenskraft schöpft.

Die Autorin
Marie-Luise Stangl lebt im Odenwald, zusammen mit ihrem Mann Dr. Anton Stangl, seit vielen Jahren Seminare zur Persönlichkeitsbildung durch Entspannungstechniken.

Das Buch
Ohne Bewußtsein könnten wir nichts von unserem Dasein als Mensch wissen. Transzendentale Meditation führt den Menschen wieder in die Bereiche des Seelisch-Geistigen zurück und erschließt ihm sein inneres Reich und ein Bewußtsein, in dem Liebe, Glück und Würde ihren angestammten Platz einnehmen können.

Der Autor
Bernhard Müller-Elmau leitet Schloß Elmau am Wetterstein, das sein Vater als Stätte geistiger Erholung geschaffen hat. Er beschäftigt sich seit vielen Jahren mit Transzendentaler Meditation. Während eines Studienaufenthaltes in Indien traf er Maharishi Mahesh Yogi, der dies erste deutsche Buch über Transzendentaler Meditation gut geheißen hat.

Das Buch
Die Lehre von den Chakren – eine indische Lehre – handelt von den menschlichen Kraftzentren, den Zentren, in denen der Mensch die Schwingungen seiner Lebensenergie oder Lebenskraft aus dem Kosmos, der unmerklichen Quelle seines Seins aufnimmt. Dieses Buch soll dem Leser helfen, bewußter zu leben, sein Denken und Fühlen im Hier und Jetzt zu zentrieren, sich zu entspannen, Zuversicht, Vertrauen, Frieden und Liebe zu finden.

Die Autorin
Marie-Luise Stangl ist Entspannungspädagogin. Sie leitet seit vielen Jahren, zusammen mit ihrem Mann Dr. Anton Stangl, Seminare zur Selbsterfahrung und Selbstverwirklichung durch Eutonie und Zen.

Das Buch
Durch vertiefte Entspannung im Schlaf schlank werden, dies ist eine neue Methode, die all jenen zu empfehlen ist, die ohne Mühe schlank werden und endlich wieder ihr Normalgewicht erreichen wollen. Im Zustand tiefster Entspannung suggeriert der Mensch seinem Unterbewußtsein ein verändertes Ernährungsprinzip und kann so bei Bewußtsein mühelos den neuen Weg einhalten. Eine wissenschaftliche und praxiserprobte Methode, die in psychosomatischen Kliniken angewandt wird.

Der Autor
Dr. Alfred Bierach, Psychotherapeut und Naturheilkundler, ist in eigener Praxis am Bodensee tätig. Mit der SIS-Methode hat er vielen Patienten geholfen, schlank zu werden.

AIDS wurde zum Schrecken der Welt.

Karl Heinz Reger
Petra Haimhausen
AIDS
Die neue Seuche des 20. Jahrhunderts

ECON Ratgeber

Reger, Karl Heinz/
Haimhausen, Petra
AIDS
– Die neue Seuche des 20. Jahrhunderts –
134 Seiten
8,80 DM
ISBN 3-612-20084-4
ETB 20084

Das Buch
Dieses Buch soll Aufklärung schaffen, es offenbart alles, was heute über diese verhängnisvolle Krankheit und ihre Entstehung bekannt ist.

Aus dem Inhalt
Fünf Schicksale, die am Beginn einer neuen Epidemie stehen · So kann AIDS entstehen · Wie AIDS in den Körper gelangt · Krankheitserreger, die für AIDS-Kranke tödlich sein können · Was Ärzte heute gegen AIDS tun können · Wie AIDS-Gefährdete sich schützen können.

Die Autoren
Karl Heinz Reger ist Journalist und Sachbuchautor medizinischer Themen.
Dr. med. Petra Haimhausen ist Ärztin.

Jeder 5. Deutsche reagiert allergisch.

Wolf Ulrich
Allergien sind heilbar
Hilfe bei Heuschnupfen und anderen allergischen Krankheiten

ECON Ratgeber

Ulrich, Wolf
Allergien sind heilbar
– Hilfe bei Heuschnupfen und anderen allergischen Krankheiten –
159 Seiten
14 Zeichnungen
8,80 DM
ISBN 3-612-20023-2
ETB 20023

Das Buch
Tränende Augen, Schnupfnase, geschwollene Schleimhäute oder absinkender Blutdruck sind typische Symptome für Allergien, die ausgelöst werden können durch Pilzsporen oder Pollen, durch Medikamente, Mehl, verschiedene Fasern, Milch, Obst, Fisch oder Eier. Beschrieben wird, welche Krankheitsbilder mit welchen Symptomen allergisch bedingt sind, welche Diagnosemethoden es gibt, welche Vor- und Nachteile sie haben und wie Allergien behandelt werden können.

Der Autor
Dr. med. Wolf Ulrich ist Medizinjournalist und Verfasser anderer Bücher. Im ECON-Verlag erschienen seine Ratgeber „Schmerzfrei durch Akupressur und Akupunktur", „Zellulitis ist heilbar" und „Haare pflegen und erhalten".

Rheuma: Die Geißel Nummer 1.

Maximilian Alexander
Rheuma ist heilbar
Neueste Naturheilmethoden

ECON Ratgeber

Alexander, Maximilian
Rheuma ist heilbar
– Neueste Naturheilmethoden –
142 Seiten
7,80 DM
ISBN 3-612-20017-8
ETB 20017

Das Buch
Mindestens vier Prozent der Menschheit ist an Rheuma erkrankt. Die herkömmliche Medizin hat diese Krankheit mit ihren verheerenden Folgen für Patient, Staat und Volkswirtschaft nicht in den Griff bekommen können.
In diesem Buch werden hochwirksame Naturheilmethoden gegen den gesamten Rheumakomplex dargestellt. Bei konsequenter Anwendung kann mit Naturheilmitteln dieses Leiden gelindert werden, eine neue Hoffnung besteht zurecht.

Der Autor
Maximilian Alexander arbeitet seit vielen Jahren als Medizin-Journalist.

Jede dritte Frau leidet unter Orangenhaut.

Wolf Ulrich
Zellulitis ist heilbar
Orangenhaut – vorbeugen und selbst behandeln

ECON Ratgeber

Ulrich, Wolf
Zellulitis ist heilbar
– Orangenhaut vorbeugen und selbst behandeln –
128 Seiten
51 Fotos
6,80 DM
ISBN 3-612-20012-7
ETB 20012

Das Buch
Zellulitis ist heilbar. Der Autor erklärt, wie Zellulitis entsteht, und schildert, wie man Zellulitis erfolgreich vorbeugen kann und sie heilt. Er entwickelte ein mehrstufiges Anti-Zellulitis-Programm mit dem er durch Lebensführung, richtige Ernährung, Sport und Gymnastik, Massage, Medikamente und viel Geduld in zehn Wochen diese häßliche Krankheit heilen kann. 51 Fotos erläutern sein Programm und erleichtern dem Leser, es allein durchzuführen.

Der Autor
Dr. med. Wolf Ulrich ist Facharzt für Hautkrankheiten.

Naturheilmethoden und heimliche Krankmacher.

Maximilian Alexander
Die (un)heimlichen Krankmacher
Vorbeugen, erkennen, heilen

ECON Ratgeber

Alexander, Maximilian
Die (un)heimlichen Krankmacher
– Erkennen, Heilen, Vorbeugen –
Originalausgabe
144 Seiten
9,80 DM
ISBN 3-612-20039-9
ETB 20039

Das Buch
Die verborgenen Krankheitsursachen sind das große Handikap der konservativen Schulmedizin, die Krankheitssymptome werden mit höchst bedenklichen Mitteln der Chemie unterdrückt.
Die moderne Naturmedizin aber geht auf den Menschen als Ganzes ein und hilft, Störfelder, vergiftete Stoffwechsellagen, Wirbelsäulenveränderungen, nervale Blockaden, Lymphstauungen, Psychotoxine, Leutdruck, Durchblutungsstörungen, Sauerstoffmangel, Allergien, Wetterfühligkeit und Therapieschäden zu normalisieren. Ein Krankheits- und Heilmittelregister schließt das Buch ab.

Der Autor
Maximilian Alexander arbeitet seit vielen Jahren als freier Journalist und Schriftsteller. Seine Spezialgebiete sind Medizin und Naturheilkunde.

Biomedizin – die natürliche Alternative.

Maximilian Alexander
Eugen Zoubek
Schmerzfrei durch Biomedizin
Neue Naturheilmethoden

ECON Ratgeber

Alexander, Maximilian/Zoubek, Eugen
Schmerzfrei durch Biomedizin
– Neue Naturheilmethoden –
143 Seiten
6,80 DM
ISBN 3-612-20000-3
ETB 20000

Das Buch
Akute und chronische Schmerzzustände sind das Schicksal vieler Menschen und können oft einen Lebensweg beeinflussen und prägen. Die Biomedizin bietet eine natürliche Alternative zu den herkömmlichen Schmerzmitteln.
Wirksame Präparate, auf rein biologischer Basis hergestellt, helfen Schmerzen ohne schädliche Nebenwirkungen überwinden, mobilisieren Eigenkräfte und setzen einen natürlichen Heilungsprozeß in Gang. Anhand zahlreicher Praxisbeispiele zeigen die Autoren, mit welchen Mitteln die moderne Naturmedizin der Mensch Krankheiten und Schmerzen vorbeugen und sich selbst erfolgreich behandeln kann.

Die Autoren
Maximilian Alexander arbeitet seit vielen Jahren als freier Journalist und Schriftsteller. Seine Spezialgebiete sind Medizin und Naturheilkunde.
Eugen Zoubek ist Homöopath und Arzt.

Nie mehr Verstopfung.

Gerhard Leibold
Gesund und fit durch Ballaststoffe

ECON Ratgeber

Leibold, Gerhard
Gesund und fit durch Ballaststoffe
Originalausgabe
140 Seiten
5 Zeichnungen
7,80 DM
ISBN 3-612-20082-8
ETB 20082

Das Buch
Ballaststoffe sind wichtige Bestandteile der menschlichen Nahrung. Der Autor schildert die Notwendigkeit der Verwendung und die Gefahren für die Gesundheit bei Mangel an Ballaststoffen.

Aus dem Inhalt
Was sind Ballaststoffe? · Natürliche Ballaststoffquellen · Stuhlgang ohne Probleme · Regulierung der Blutfett- und Blutzuckerwerte · Vorbeugung von Krebskrankheiten · Krank durch Ballaststoffmangel · Richtige Ernährung · Rezepte für ballaststoffreiche Ernährung.

Der Autor
Gerhard Leibold ist erfahrener Heilpraktiker und Autor zahlreicher Sachbücher.

Krankheiten erkennen und selbst behandeln.

Alfred Bierach
Reflexzonentherapie
Krankheiten erkennen und selbst behandeln

ECON Ratgeber

Bierach, Alfred
Reflexzonentherapie
– Krankheiten erkennen und selbst behandeln –
123 Seiten
89 Zeichnungen
46 Fotos
6,80 DM
ISBN 3-612-20002-X
ETB 20002

Das Buch
Geistige Anspannung und körperliche Verkrampfung führen oft zu Verhärtung oder Knötchen, da von der inneren Organen Reflexbahnen zur Körperdecke laufen, die sich verändern. Durch Reflexzonenmassage kann man über bestimmte Gebiete der Körperdecke auf innere Organe einwirken Schmerz lindern oder heilen.
Die exakte Bebilderung in diesem Buch zeigt, welche Körperzonen bei welchen Erkrankungen behandelt werden sollen.

Der Autor
Alfred Bierach leitet eine eigene Praxis für Psychotherapie und Naturheilkunde am Bodensee. Seit Jahren wendet er Reflexzonenmassage erfolgreich an.

Autogenes Training zum Wohl der Gesundheit.

Gisela Eberlein
Gesund durch Autogenes Training

ECON Ratgeber

Eberlein, Gisela
Gesund durch Autogenes Training
132 Seiten
6 Zeichnungen
7,80 DM
ISBN 3-612-20141-7
ETB 20141

Das Buch
Alltagsstreß, nervöse Störungen an Herz, Kreislauf, Magen und Darm können durch Autogenes Training behoben werden.
Auch bei Schlafstörungen, depressiven Verstimmungen und Angstzuständen hilft Autogenes Training.
Die Autorin zeigt anhand von eindrucksvollen Beispielen aus ihrer Praxis, welche Erfolge sie mit Autogenem Training erzielte, und sie gibt konkrete Anleitungen, wie das Autogene Training von jedermann angewandt werden kann.
Dies ist ein Ratgeber für alle, die sich geistig und körperlich fit halten wollen.

Die Autorin
Dr. med. Gisela Eberlein unterrichtet in eigener Praxis Autogenes Training und leitet außerdem Kurse und Seminare an einer Volkshochschule sowie in Arbeitsgemeinschaften.

Die Wechseljahre: Keine Krankheit, sondern eine Lebensstufe.

P. van Keep / L. Jaszmann
Die Wechseljahre der Frau

ECON Ratgeber

van Keep, Pieter A. / Jaszmann, Laszlo
Die Wechseljahre der Frau
139 Seiten
6 Zeichnungen
6,80 DM
ISBN 3-612-20013-5
ETB 20013

Das Buch
Der Übergang von der fruchtbaren in die nächste Lebensperiode ist für Körper und Psyche der Frau mit einschneidenden Veränderungen verbunden. Neben den rein hormonellen Umstellungen des Körpers und Nebenerscheinungen, wie Hitzewallungen, verbunden mit akuten Schweißausbrüchen, Schilddrüsenstörungen, rheumatischen Gelenkveränderungen, hat die Frau häufig mit psychischen Beschwerden, wie Depressionen und starken Schwankungen im Gefühlsleben, zu kämpfen. Dieses Buch zeigt, wie jede Frau diese Beschwerden erfolgreich durch die bewußte Auseinandersetzung mit dieser Lebensphase angehen kann.

Die Autoren
P. A. van Keep und L. Jaszmann, Gynäkologen, haben in diesem Buch wissenschaftlich fundierte Erfahrungen aus der klinischen Arbeit mit Frauen im Klimakterium zusammengestellt.

Sich selbst massieren – kein Problem.

Chris Stadtlaender
Selbstmassage

Gesund und schön durch eigene Kraft

ECON Ratgeber

Stadtlaender, Chris
Selbstmassage
– Gesund und schön durch eigene Kraft –
Originalausgabe
160 Seiten
29 Zeichnungen
8,80 DM
ISBN 3-612-20067-4
ETB 20067

Das Buch
Schon die alten Griechen und Römer wußten um den gesundheits- und schönheitsfördernden Wert der Massage, der bis heute feststeht. Massagen sind teuer, auf Krankenschein kann man sich nur bei Krankheit und bei degenerativen Leiden massieren lassen. Um gesund und schön zu bleiben, kann man sich aber auch selbst massieren, wie, das zeigt die Autorin. Nach einer Einführung in die Geschichte der Massage, einer Erläuterung der Heil- und Schönheitsmassagen, der Vorsichtsmaßnahmen bei Schmerzen, Entzündungen und Krampfadern beschreibt sie, wie man sich von Kopf bis Fuß selbst massieren kann, welche Griffe man kennen muß und welche selbst hergestellten Kräuteröle man verwenden kann.

Die Autorin
Chris Stadtlaender ist Fachjournalistin für Medizin und Kosmetik. Sie lebt in Wien.

Box dich fit!

Cornelia Dunkel / H. Schulz
Boxgymnastik für Frauen

Das neue Fitneßprogramm für den ganzen Körper

Dunkel, C. / Schulz, H
Boxgymnastik für Frauen
Das neue Fitneßprogramm für den ganzen Körper
Originalausgabe
112 Seiten, 102 Fotos
8,80 DM
ISBN 3-612-20149-2
ETB 20149

Das Buch
Bei dieser neue Gymnastikart käm fen nicht Frauen g gen Frauen, sonde es ist eine Sportart, d den Körper besse trainiert als Aerob und Jogging zusa men. Es ist außerde ein Anti-Aggression Programm, das Stre und Ärger abbaut. D Autorin beschreib welche Geräte un Kleidung benötig werden, wie hoch de finanzielle Aufwand i und gibt in ausführ lichen Schritt-fü Schritt-Übungen za reiche Hinweise f richtiges Training, d mit die ideale Figur e reicht werden kann.

Die Autorin
Cornelia Dunkel i seit vielen Jahre Gymnastik- und Spor lehrerin und hat d Box-Training in i Lehrprogramm au genommen.

Erste Hilfe für Kinder.	Mehr Spaß am Lernen – Mehr Zeit zum Spielen.	Die Ängste unserer Kinder.	Damit der Kindergeburtstag wirklich gelingt.
Diagram **Soforthilfe für mein Kind** Bei Unfällen und Krankheiten **ECON Ratgeber**	Günther Beyer **So lernen Schüler leichter** Gedächtnis- und Konzentrationstraining **ECON Ratgeber**	Gisela Eberlein **Ängste gesunder Kinder** Praktische Hilfe bei Lernstörungen **ECON Ratgeber**	Isolde Kiskalt **Wir feiern eine Kinderparty** Spiele, Rezepte, Zaubereien für 4- bis 10jährige **ECON Ratgeber**

Diagram
Soforthilfe für mein Kind
Bei Unfällen und Krankheiten
128 Seiten
200 Zeichnungen
7,80 DM
ISBN 3-612-20115-8
ETB 20115

Das Buch
Wie wäscht man eine Wunde aus? Wie behandelt man Verbrennungen? Wie wird ein Finger verbunden? Was macht man bei Knochenbrüchen? Wie entfernt man einen Splitter? Was gehört in den Erste-Hilfe-Schrank? Was macht man bei Hautinfektionen?
Auf diese und viele andere Fragen gibt das Buch klare Antworten, erklärt durch über 200 Zeichnungen. Es sagt den Eltern, wie sie sich bei Kinderkrankheiten und anderen kindlichen Problemen verhalten sollen, bei Blinddarmreizung und Ohrinfektionen, bei Schock und in vielen anderen Fällen.
Dieses Buch wurde in Zusammenarbeit mit dem Deutschen Roten Kreuz erstellt und ist Begleitbuch in einer ZDF-Fernsehreihe.

Beyer, Günther
So lernen Schüler leichter
– Gedächtnis- und Konzentrationstraining –
128 Seiten, 92 Zeichnungen, 49 Übungen
6,80 DM
ISBN 3-612-20001-1
ETB 20001

Das Buch
Mangelhafte Konzentrationsfähigkeit und schlechtes Gedächtnis sind oft die Ursachen für ungenügende Leistungen in der Schule. Dieses Buch schafft Abhilfe: Kinder zwischen 8 und 15 Jahren erfahren, wie sie mit einfachen Lerntechniken ihr Gedächtnis schulen und ihre Konzentrationsfähigkeit erhöhen können, um besser zu werden, Spaß am schnellen Lernen zu finden und damit mehr Zeit zum Spielen zu haben.
Übungen und Kontrolltests helfen, Können und Leistungen zu steigern.

Der Autor
Günther Beyer ist Gründer des Eltern-Schüler-Förderkreises Nordrhein-Westfalen. Er leitet ein eigenes Institut für Creatives Lernen.
Im ECON-Verlag erschienen seine Ratgeber „Creatives Lernen", „Gedächtnis- und Konzentrationstraining" und „Superwissen durch Alpha-Training".

Eberlein, Gisela
Ängste gesunder Kinder
– Praktische Hilfe bei Lernstörungen –
158 Seiten
7,80 DM
ISBN 3-612-20010-0
ETB 20010

Das Buch
Jedes Kind kämpft mit unbewußten Ängsten, die es in irgendeiner Form hindern, zwanglos fröhlich, aktiv und spontan zu sein. Nervosität, Schlafstörungen, Kontaktschwierigkeiten, ja sogar Asthma, Stottern, Bettnässen sind Folgen dieser Ängste, die durch gezielt angewendete psychologische und pädagogische Entspannungsübungen behoben werden können. Wie, das zeigt dies Buch.

Die Autorin
Dr. med. Gisela Eberlein lehrt in eigener Praxis, in Seminaren und Arbeitsgemeinschaften autogenes Training. Besonders bei Kindern erzielte sie über psychologisch und pädagogisch fundierte Entspannungsmethoden große Erfolge.

Kiskalt, Isolde
Wir feiern eine Kinderparty
Spiele, Rezepte, Zaubereien für 4- bis 10jährige
Originalausgabe
128 Seiten
86 Zeichnungen
7,80 DM
ISBN 3-612-20102-6
ETB 20102

Das Buch
Wichtig für eine Kinderparty ist die richtige Vorbereitung. Essen und Trinken, Spiele und Gewinne müssen geplant werden. Dazu findet man in diesem Buch zahlreiche Anregungen und Vorschläge.

Aus dem Inhalt
Vorbereitungen zur Party · Rezepte für Kindergetänke, Gebäck und kleines kaltes Büfett · Bekannte und weniger bekannte Spiele (mit Altersangabe) · Kleine Zaubereien für die Erwachsenen · Zum Ausklang des Festes: eine Tombola.

Die Autorin
Isolde Kiskalt ist Schriftstellerin und bringt hier ihre Erfahrungen, die sie bei Festen für ihre Tochter gewonnen hat.

Das Standardwerk der biologischen Küche.

Helma Danner
Biologisch kochen und backen
Das Rezeptbuch der natürlichen Ernährung

ECON Ratgeber

Danner, Helma
Biologisch kochen und backen
– Das Rezeptbuch der natürlichen Ernährung –
288 Seiten, 8 Farbtafeln, 425 Rezepte
14,80 DM
ISBN 3-612-20003-8
ETB 20003

Das Buch
Natürliche Ernährung ist nicht nur gesund, sondern auch wohlschmeckend, durch sie können Krankheiten geheilt, gelindert und verhindert werden: Karies, Paradontose, Erkrankung des Bewegungsapparates, Zuckerkrankheit, Leber-, Gallen-, Nierenerkrankungen, Beschwerden der Verdauungsorgane, Gefäßerkrankungen u. v. a. m. Naturbelassene Ernährung bringt dem Menschen neuen Schwung, Elastizität, Ausdauer und hohe Konzentrationsfähigkeit, sie erhält ihn gesund und schlank.
Die Rezepte in diesem Buch sind praxiserprobt.

Die Autorin
Helma Danner ist Gesundheitsberaterin. Sie beschäftigt sich seit vielen Jahren mit der wissenschaftlichen und Laienliteratur auf dem Ernährungssektor, mit neuesten und alten Gesundheits- und Kochbüchern.

Gesunde Ernährung für körperliches und seelisches Wohl.

Ilse Sibylle Dörner
Das grüne Kochbuch
Handbuch der naturbelassenen Küche

ECON Ratgeber

Dörner, Ilse Sibylle
Das grüne Kochbuch
– Handbuch der naturbelassenen Küche –
270 Seiten
20 Zeichnungen
382 Rezepte
12,80 DM
ISBN 3-612-20026-7
ETB 20026

Das Buch
Das Handbuch der naturbelassenen Küche beweist mit über 380 Rezepten, daß man gesund leben und trotzdem köstlich essen kann.
Modernes Kochen mit frischen und gesunden Lebensmitteln, die schonend, selbst für schmackhafte Speisen, verarbeitet werden – unter dieser Maxime steht das grüne Kochbuch mit seinen vielen praxiserprobten Rezepten, Anleitungen, Tips und Ratschlägen zur naturbelassenen Küche. Es zeigt aber auch, daß Kochen nicht erst am Herd beginnt: Joghurt und Käse, Gemüse und Kräuter aus eigener Produktion bereichern jeden Tisch.

Die Autorin
Ilse Sibylle Dörner schreibt als freie Journalistin u. a. für die Zeitschrift „Feinschmecker". Sie ist Autorin mehrerer Kochbücher.

Endlich! Die Diät, die Spaß macht.

Ilse Sibylle Dörner
Diät mit Bio-Kost
Schlank, gesund und fit

ECON Ratgeber

Dörner, Ilse Sibylle
Diät mit Bio-Kost
– Schlank, gesund und fit –
Originalausgabe
189 Seiten
16 Zeichnungen
232 Rezepte
9,80 DM
ISBN 3-612-20019-4
ETB 20019

Das Buch
Bio-Diät ist eine neue, gesunde Möglichkeit, schlank zu werden und schlank zu bleiben. Köstliche Rezepte, eine Einführung in die Kräuter- und Keimlingszucht, Bio-Kosmetik und Bio-Medizin verleiten den Leser, sofort anzufangen und ohne Qual und zeitliche Begrenzung seinem Körper etwas Gutes zu tun, ihn schlank und fit zu halten.

Die Autorin
Ilse Sibylle Dörner schreibt als freie Journalistin u. a. für die Zeitschrift „Feinschmecker". Sie ist Autorin mehrerer Kochbücher, u.a. „Das grüne Kochbuch", ein Standardwerk für die alternative Küche.

Schnäpse und Liköre – Auch ein Stück Gesundheit?

Katharina Buss
Leib- und Magenelixiere
Selbstgemachte Liköre und Schnäpse

ECON Ratgeber

Buss, Katharina
Leib- u. Magenelixier
– Selbstgemachte Liköre u. Schnäpse –
Originalausgabe
144 Seiten
30 Zeichnungen
4 Farbtaf., 167 Rezept
8,80 DM
ISBN 3-612-20018-6
ETB 20018

Das Buch
Äbte, Padres und Nonnen durften keinen Alkohol zu sich nehmen und doch haben sie die besten Rezepte für die Zubereitung von Kräuterlikören und Schnäpsen zusammengestellt.
Viele der alten Klostertränke sind hier in etwa 200 Rezepten aufgenommen. Für jeden Geschmack und für die Gesundheit oben drein ist etwas dabei. Eine Tabelle über die Reifezeiten von Früchten und Kräutern erleichtern die jährliche Planung der eigenen Herstellung.

Die Autorin
Katharina Buss ist Lebensmitteljournalistin, sie schreibt u. a. für den „Feinschmecker". Die Rezepte hat sie selbst ausprobiert.